# Italienska Köket 2023
# En resa genom smaker och traditioner

## Maria Berti

# INDEX

getost med örter .................................................................................................. 10

Getost, Valle d'Aosta-stil ..................................................................................... 12

endivie fylld med gorgonzola ............................................................................. 14

Varm ricotta i färsk tomatsås ............................................................................. 16

Provolone med pizzasås ..................................................................................... 19

Grillad mozzarella ............................................................................................... 20

Grillade skinkspett och ostspett ......................................................................... 22

Montasio ostfrites ............................................................................................... 23

Smältost, guldsmedsstil ...................................................................................... 25

Mozzarella i en vagn ........................................................................................... 27

Mozzarella smörgåsar på ett romerskt spett .................................................... 30

Parmesan kräm ................................................................................................... 32

nötostkex ............................................................................................................. 35

gorgonzola kakor ................................................................................................ 37

inlagda oliver ....................................................................................................... 40

Svarta oliver med citrusfrukter .......................................................................... 43

Kryddiga oliver i en panna .................................................................................. 45

rostade oliver ...................................................................................................... 47

zucchinipannkaka ............................................................................................... 49

inlagda svampar .................................................................................................. 51

Svamppastej från två Sicilier ... 53

Champinjoner fyllda med kalvkött ... 55

Champinjoner fyllda med mozzarella och skinka ... 57

Piemontepeppar ... 59

Rostade pepparrullar ... 62

Paprika fyllda med tonfisk ... 64

sötsur aubergine ... 66

Sparris och äggsallad ... 69

Rostad Radicchio med mozzarella och ansjovis ... 71

Fyllda ägg ... 74

tonfisk fyllda ägg ... 77

Fikon och melon med skinka ... 80

Sparris och skinkrullar ... 82

Stekta fikon i skinka ... 84

citron köttbullar ... 86

Kycklingpastej och oliver ... 89

Pilgrimsmusslor Gratäng ... 92

Bakade pilgrimsmusslor med marsala och mandel ... 94

Fisk-och skaldjurssallad ... 96

torskpuré ... 99

olivolja sås ... 103

stackars kaviar ... 104

Soltorkad tomatpuré ................................................................................................................ 105

Piemonte badtunna ................................................................................................................. 107

tonfiskpasta ............................................................................................................................. 109

Aubergine kaviar ...................................................................................................................... 112

Räk- och rissallad .................................................................................................................... 114

Räk-, apelsin- och ansjovissallad ............................................................................................ 116

Sardin och ruccolasallad ......................................................................................................... 118

Grillad pilgrimsmussla sallad ................................................................................................. 121

Venetiansk krabbasallad ......................................................................................................... 123

Bläckfisksallad med ruccola och tomat ................................................................................. 125

Hummersallad ......................................................................................................................... 128

Toskansk tonfisk- och bönsallad ............................................................................................ 131

tonfisk couscous sallad ........................................................................................................... 133

Tonfisksallad med bönor och ruccola .................................................................................... 135

Fredagskväll tonfisksallad ...................................................................................................... 138

Gorgonzola och hasselnötssås ............................................................................................... 141

Citrongräddsås ....................................................................................................................... 142

Apelsin-honungssås ................................................................................................................ 143

Buljong .................................................................................................................................... 144

Kycklingbuljong ...................................................................................................................... 146

Antoinettes bönsoppa ............................................................................................................. 148

pasta och bönor ...................................................................................................................... 151

krämig bönsoppa .................................................................................................. 153

Friulan korn- och bönsoppa ................................................................................ 155

Bön- och svampsoppa ......................................................................................... 157

Milanesisk pasta och bönor ................................................................................ 159

Lins- och fänkålssoppa ........................................................................................ 163

Spenat-, lins- och rissoppa .................................................................................. 165

Lins- och grönsakssoppa ..................................................................................... 167

Linssoppa med rostat bröd ................................................................................. 169

Apuliansk kikärtssoppa ....................................................................................... 171

Kikärts- och pastasoppa ...................................................................................... 173

Kikärtssoppa och ligurisk porcini ....................................................................... 175

Toskanskt bröd och grönsakssoppa ................................................................... 178

vinter squash soppa ............................................................................................ 182

Soppa "Kokt vatten" ............................................................................................ 184

Zucchini Pesto Soppa .......................................................................................... 186

Purjolök, tomat och brödsoppa ......................................................................... 188

Zucchini och tomatsoppa ................................................................................... 190

Zucchini och potatissoppa .................................................................................. 192

Krämig fänkålssoppa ........................................................................................... 194

Svamp- och potatissoppa ................................................................................... 196

grädde av blomkålssoppa ................................................................................... 198

Siciliansk tomatkornsoppa .................................................................................. 200

Röd paprika soppa .................................................................................................. 202

Fontina, bröd och kålsoppa ................................................................................ 204

krämig svampsoppa ............................................................................................ 206

Grönsakssoppa med pesto .................................................................................. 208

Påfågeläggsoppa .................................................................................................. 210

# **OST ANTIPAST**

## getost med örter

### Caprino alle Erbe

**Ger 6 portioner**

*capra* betyder "get" på italienska, och *caprino* är namnet på en italiensk getost. Leta efter smidig, färsk getost för detta recept. Om italiensk getost inte är tillgänglig, använd amerikansk eller fransk getost. Deras smaker är väldigt lika.

8 uns färsk mjuk getost

2 msk hackade färska örter som gräslök, rosmarin, persilja, basilika, timjan

1/4 tsk grovmalen svartpeppar

2 matskedar extra virgin olivolja

Färska örter till garnering

Tunna skivor rostat italienskt bröd

1. I en medelstor skål, mosa osten med en gaffel eller sked. Tillsätt örter och peppar.

**två.** Lägg ostblandningen i mitten av en bit plastfolie. Lägg ena änden av plastfolien över osten så att den möter den andra änden. Vik plasten runt osten och forma osten till en stock. Linda stammen för att fixera formen. Kyl i en timme till över natten.

3. Packa upp osten och lägg den på ett serveringsfat. Ringla över olivolja. Garnera med kvistar färska örter. Serveras med rostat italienskt bröd.

# Getost, Valle d'Aosta-stil

## Tomini di Courmayeur

**Ger 6 portioner**

*Courmayeur, en populär skidort i Valle d'Aosta, ligger strax över den franska gränsen genom Mont Blanc-tunneln. Den lokala dialekten låter mer fransk än italiensk. Även om regionen är mest känd för sina komjölkostar, som Fontina Valle d'Aosta, äts de små getostarna som lokalt kallas tomini med det lokala mörka rågbrödet eller ringlade med honung till efterrätt. Jag njöt av getosten med en krispig, kryddig topping på La Maison de Filippo, ett värdshus i lantlig stil som erbjuder rejäla måltider i en charmig miljö.*

¼ dl extra virgin olivolja

2 skedar vinäger

1 vitlöksklyfta, hackad

1 tsk mald färsk timjan

En nypa krossad röd paprika

Salt och nymalen svartpeppar

1 dl finhackad mjuk selleri

2 msk hackad färsk persilja

2 salviablad, hackade

8 uns färsk mjuk getost

Tunna skivor rostat italienskt eller franskt bröd

1. I en medelstor skål, vispa ihop olja, vinäger, vitlök, timjan, rödpeppar och salt och svartpeppar efter smak. Rör ner selleri, persilja och salvia.

två. Lägg osten på ett serveringsfat. Häll såsen över osten. Täck över och låt stå i rumstemperatur i 1 timme. Servera med rostat bröd.

## endivie fylld med gorgonzola

### Endiv runda

**Ger 6 portioner**

Den stora endivefamiljen av grönsaker inkluderar många som används i det italienska köket, inklusive olika typer av endive, escarole och radicchio. Belgisk endive växer i små, taggiga knoppar som hålls täckta när de mognar. Mulch förhindrar fotosyntes, så endiven förblir vit med gulaktiga spetsar istället för att bli grön eftersom den skulle växa naturligt. Det håller också bladen mjuka och milda i smaken. Deras långa spjutform gör belgiska endivblad till idealiska behållare för stoppning eller doppning. Här är fyllningen en klassisk kombination av krämig gorgonzola och knapriga rostade valnötter.

8 uns gorgonzolaost, skalet borttaget

4 uns mascarpone

2 till 4 matskedar mjölk

4 medelstora belgiska endiver, delade i blad

¼ dl grovhackade rostade valnötter

1. I en medelstor skål, mosa båda ostarna med en gaffel. Rör i precis tillräckligt med mjölk för att göra blandningen slät och bredbar.

**två.**Lägg upp endivbladen på en tallrik. Häll ostblandningen på plåtarna. Strö över valnötter och servera genast.

# Varm ricotta i färsk tomatsås

## Ricottasås i persilja di Pomodori Freschi

**Ger 4 portioner**

*Varm krämig ricotta i en pool av färsk tomatsås är en himmelsk måltid som jag först stötte på på Remi's, en av mina italienska favoritrestauranger i NYC. Kryddig fårmjölksricotta är att föredra, även om komjölksricotta fungerar bra också. Serveras med färskt italienskt bröd.*

8 mogna tomater, skalade, kärnade och hackade

4 matskedar extra virgin olivolja

salt

En nypa krossad röd paprika

6 färska basilikablad, skurna i bitar

1 dl hel eller halvskummad ricotta

1. I en medelstor kastrull, kombinera tomater, olja, salt och röd peppar. Koka upp. Koka tills tomaterna är mjuka, ca 5 minuter. Avlägsna från värme. Tillsätt hälften av basilikabladen.

**två.**I en medelstor skål, blanda ricottan med den återstående basilikan och salt och peppar efter smak.

3. Bred ut tomatsåsen på 4 små tallrikar eller grunda skålar. Forma ricottablandningen till 4 bollar med en glasskopa och lägg dem ovanpå såsen. Servera den varm.

# Provolone med pizzasås

## Pizzaiola Provolone

**Ger 4 portioner**

*På en pizzeria i Neapel värmde jag provoloneost tills den smälte till en kryddig tomatsås. Det blir en god lunch med bröd och grönsallad.*

2 1/2 koppar pizzaiolasås

8 uns lagrad provolone, skalad och skuren i 1/4-tums skivor

En nypa torkad oregano

1. Förbered eventuellt såsen.

**två.** I en medelstor kastrull, låt såsen koka upp på medelvärme. Lägg på ostskivor och strö över oregano. Ta bort från värmen och låt stå i 3 till 4 minuter eller tills osten börjar smälta. Servera omedelbart.

# Grillad mozzarella

## Mozzarella till Ferri

**Ger 4 portioner**

*En sommar i Rom var min favoritlunchrätt färsk mozzarella grillad tills den blev gyllenbrun på utsidan och varm och smält på insidan. Jag äter det de flesta dagar med ruccola, tomat och sötlöksallad.*

*En non-stick panna eller stekpanna är nödvändig här, och för bästa resultat måste osten, som kan bli väldigt blöt när den är nygjord, vara väldigt torr.*

1 pund färsk mozzarella, skuren i 1⁄2-tums tjocka skivor

1. Om mozzarellan är för blöt, lägg skivorna på hushållspapper för att rinna av överflödig fukt. Ställ i kylen i en timme, vänd skivorna en gång.

**två.** Placera en non-stick panna på medelvärme. När en droppe vatten som kastas i pannan studsar och snabbt avdunstar är pannan klar.

3. Lägg en skiva mozzarella i pannan. När den börjar få färg runt kanterna, vänd på den med en spatel. Koka i ytterligare 1 minut. Upprepa med resterande skivor. Servera varm.

# Grillade skinkspett och ostspett

## Press di Formaggio och Prosciutto

**Gör 6 till 8 portioner**

Toskanska vännerna Anna och Lucio Trebino lagade middag på grillen en sommarkväll. Jag älskade aptitretarna Anna serverade: getostbollar inslagna i krispig parmaskinka. Grillspett kan monteras flera timmar i förväg och förvaras övertäckta i kylen tills de är klara. Anna säger att det fungerar bra med kuber av en halvhård ost som mozzarella istället för getost.

6 till 8 uns färsk getost

½ tsk grovmalen svartpeppar

8 tunna skivor importerad italiensk prosciutto, halverad

1. Blanda osten med paprikan i en liten skål. Dela osten i 16 delar. Forma bitarna till bollar. Trä upp ostbollarna på korta bambuspett. Linda en bit prosciutto tätt runt varje ostboll.

**två.** Värm kycklingen. Grilla spetten i 2 till 3 minuter, vänd ofta, tills skinkan är lätt brynt. Servera varm.

## Montasio ostfrites

*friktion*

**Gör cirka 2 dussin**

I Friuli-Venezia Giulia används montasio, en komjölksost, för att göra frico, tunna och krispiga ostkex. Om montasio inte är tillgänglig, använd Parmigiano-Reggiano eller Grana Padano. Även om bakning ofta görs i panna på spisen, tycker jag att resultatet är mer tillförlitligt i ugnen.

Krispig potatis är gott till ett glas mousserande prosecco eller serveras som tillbehör till soppan.

4 uns nyriven montasio

2 uns nyriven Parmigiano-Reggiano

**1.**Värm ugnen till 350 ° F. Kombinera båda ostarna i en liten skål. I en stor, tung, osmord ugnsform, bred ut ett tunt lager av cirka 1 matsked av osten i en skiva cirka 2 tum i diameter. Gör så många extra skivor som bekvämt passar cirka 1 tum från varandra.

**två.**Grädda i mitten av ugnen i 8 minuter eller tills osten smält och lätt brynt.

3. Ställ flera upp och nedvända juiceglas på bordet. När potatisen är klar tar du bort bakplåten från ugnen. Arbeta snabbt (eftersom de stelnar snabbt när de svalnar), använd en tunn metallspatel för att ta bort ostkexen från bakplåten en i taget och forma sedan försiktigt rundlar på kopparna. Låt svalna tills det stelnar. Ta försiktigt bort cheese fritesen från kopparna. Upprepa gräddningen och gör resterande ost.

4. Förvara i en lufttät behållare i upp till 1 vecka.

# Smältost, guldsmedsstil

## Formaggio all'Argentiera

**Ger 4 portioner**

Enligt Mary Taylor Simettis bok Pomp and Sustenance: Twenty-Five Centuries of Sicilian Food, är detta recept uppkallat efter en okänd och möjligen mytisk guldsmed som uppfann det för att dölja det faktum att han var i svåra tider. Det sägs att doften av ost, vitlök, vinäger och oregano liknar doften av kanin, och guldsmeden ville att hans grannar skulle tro att han fortfarande hade råd med kött. Serveras med rostat bröd och en flaska rött vin.

Provolone i Italien är inte samma sak som mjukosten med det namnet som vi är vana vid att se i USA. Importerad italiensk provolone är aromatisk och lätt rökig, slät när den är ung och skarp när den åldras. Många ostbutiker säljer importerad provolone, eller så kan du ersätta caciocavallo, som i smak och konsistens liknar provolone, även om den har en annan form. Asiago är en ost från norra Italien som accepterar denna behandling mycket väl.

6 till 8 uns importerad provolone, caciocavallo eller Asiago ost

2 matskedar olivolja

2 stora vitlöksklyftor, tunt skivade

2 matskedar vitvinsvinäger

½ tsk torkad oregano

1. Ta bort svålen från osten och skär osten i 1/2 tum tjocka skivor.

**två.** Hetta upp oljan i en stor, tung stekpanna på medelvärme. Tillsätt vitlöken och koka tills den börjar få färg, 1 till 2 minuter.

3. Lägg ostskivorna i ett enda lager ovanpå vitlöken. Öka värmen och tillsätt vinägern. Koka 1 till 2 minuter eller tills osten börjar smälta.

4. Vänd snabbt på skivorna med en metallspatel och strö över oregano. Koka i ytterligare 1 till 2 minuter eller tills osten är lätt smält och bubblar runt kanterna. Överför till tallrikar och servera varm.

# Mozzarella i en vagn

## Mozzarella Carrosa

**Gör 4 till 8 portioner**

*Jag älskar det knäppa namnet för denna napolitanska version av en rostad ostsmörgås. Det får mig att tänka på kungligheter, även om det i det här fallet är en skiva mozzarella, inte en kung och en drottning som åker i en vagn gjord av skivat bröd. Det här var en favoritlunchmacka när jag växte upp. Skär i bitar, det är också ett gott mellanmål.*

1 glas mjölk

3 stora ägg

½ tsk salt

Nymalen svartpeppar

¾ kopp universalmjöl

12 uns färsk mozzarella, skivad för att passa en bulle

12 till 16 skivor italienskt bröd

3 matskedar osaltat smör

**1.** I en medelstor skål, vispa ihop mjölk, ägg, salt och peppar efter smak. Bred ut mjölet på en plåt med bakplåtspapper.

**två.** Lägg osten mellan två brödskivor. Doppa smörgåsarna i mjölkblandningen och sedan i mjölet.

**3.** Smält två matskedar smör på medelvärme i en stor stekpanna. Tillsätt smörgåsarna och koka, platta till dem med en metallspatel, tills de fått färg på båda sidor, cirka 3 minuter per sida. Servera varm.

# Mozzarella smörgåsar på ett romerskt spett

## Tryck på alla Romana

**Gör 4 till 8 portioner**

Om du inte vill använda ansjovisen i såsen, låt den stå utanför och bred bara ut vitlökssmöret över mackorna.

12 (1/2 tum tjocka) skivor italienskt eller franskt bröd

8 uns färsk mozzarella, skuren i 8 klyftor

4 matskedar osaltat smör

1 sked olivolja

1 vitlöksklyfta, skalad och finhackad

6 ansjovisfiléer

Nymalen svartpeppar

1. Värm ugnen till 450° F. Smörj en bakplåt med olja.

två. Trä 3 brödskivor växelvis med 2 skivor mozzarella på var och en av de 4 korta spetten, börja och sluta med brödet. Lägg på en förberedd bakplåt. Grädda i mitten av ugnen i 20 minuter eller tills brödet är rostat och osten smält något.

3. Smält under tiden smör med olivolja och vitlök i en liten kastrull på medelvärme. Tillsätt ansjovis och peppar efter smak och rör tills ansjovisen lösts upp.

4. Lägg över spetten till en varm bricka, skjut bort brödet och osten från spetten. Häll såsen över smörgåsarna och servera direkt.

# Parmesan kräm

## Tartar

**Ger 4 portioner**

Individuellt bakade vaniljsås smaksatt med ost eller grönsaker är ett populärt mellanmål i regionen Piemonte i norra Italien. Jag gillar att servera dem som en elegant aptitretare eller brunchrätt med spenat, svamp, körsbärstomater eller andra grönsaker sauterade i lite smör.

1 dl mjölkgrädde

¼ glas mjölk

2 färska salviablad

2 tums kvist färsk rosmarin

2 skedar osaltat smör

¼ dl hackad lök

2 stora ägg

2 msk nyriven Parmigiano-Reggiano

En nypa nyriven muskotnöt

½ tsk salt

¼ teskedar nymalen svartpeppar

salt

1. Blanda grädde, mjölk, salvia och rosmarin i en skål. Täck över och kyl i 2 timmar till över natten.

**två.** Smält smöret i en liten kastrull på medelvärme. Tillsätt löken och fräs tills den är mjuk, ca 5 minuter.

3. Sätt ett galler i mitten av ugnen. Värm ugnen till 350 ° F. Smörj fyra 6-ounce gräddkoppar med smör.

4. Vispa äggen i en stor skål tills de är väl blandade. Häll gräddblandningen genom en fin sil i äggen. Tillsätt lök, ost, muskotnöt, salt och peppar. Häll blandningen i de förberedda kopparna.

5. Sätt in en bakplåt i ugnen. Häll 1/2 tum varmt vatten i pannan. Lägg gräddkopparna i pannan. Grädda i 55 minuter eller tills toppen är lätt brynt och vaniljsåsen stelnat. Ta bort krämerna från pannan och låt stå i 15 minuter.

6.Kör en liten kniv runt insidan av glasen och vänd upp på serveringsfat. Servera den varm.

## nötostkex

## Parmigiano kex

**48 år sedan**

*Även om de kan se ut som dessertkakor, tillhör dessa mördegskakor en matkategori italienare kallar salatini, bokstavligen små salta saker. Salatini passar bra till drinkar eller ett glas vin. Du kan servera dem som förrätt med oliver och salami eller med en skål soppa eller sallad till lunch.*

11/4 dl oblekt universalmjöl

4 ounces nyriven Parmigiano-Reggiano

1/4 tesked salt

1/2 kopp (1 pinne) osaltat smör, skuren i bitar

1/2 dl valnötter, rostade och hackade

Ca 2 matskedar mjölk

1 stort ägg

**1.** I en medelstor skål, vispa ihop mjöl, ost och salt. Mixa smöret med en mixer eller gaffel tills blandningen liknar grova smulor. Rör ner nötterna.

**två.** Vispa mjölk och ägg i en liten skål. Häll blandningen över de torra ingredienserna och blanda tills det är fuktigt. Tillsätt mer mjölk, en tesked i taget, om det behövs för att fukta degen. Tryck ut degen och forma en boll.

**3.** Skär degen i två lika stora delar. Forma varje bit till en 7-tums stock och placera var och en på ett ark med plastfolie. Slå in tätt och ställ i kylen tills den är fast, 4 timmar till över natten.

**4.** Sätt ett galler i mitten av ugnen. Värm ugnen till 400 ° F. Smörj två stora bakformar med smör.

**5.** Skär stockarna i 1/4-tums skivor och arrangera skivorna 1 tum från varandra på de förberedda bakplåtarna. Grädda tills kakorna är lätt gyllene runt kanterna, 10 till 12 minuter. Överför till galler för att svalna. Servera i rumstemperatur. Förvara i en lufttät behållare i upp till 2 veckor.

# gorgonzola kakor

## Gorgonzola kakor

**Gör 2 dussin**

Gorgonzola, en ädelost gjord på komjölk i regionen Lombardiet i Italien, finns i två varianter. Dolce är den smidigaste och nyaste sorten; Stagionato eller piccante, ibland kallad bergsgorgonzola, är äldre och fastare, med mer av den blågröna mögeln som ger osten dess karaktäristiska smak. Jag föredrar en yngre form av ost till dessa kex.

1 pinne (4 uns) osaltat smör, mjukat

8 oz importerad italiensk dolce gorgonzola, huden borttagen

2 äggulor

¼ teskedar nyriven muskotnöt

¼ teskedar nymalen svartpeppar

2 1/2 dl universalmjöl

1 äggvita, vispad

2 tsk sesamfrön

1. Vispa smöret fluffigt i en stor skål. Tillsätt gradvis osten, vispa tills den är väl kombinerad. Vispa äggulor, muskotnöt och peppar.

**två.** Tillsätt mjölet och blanda tills det är slätt. Forma degen till en skiva och slå in i plastfolie. Kyl 30 minuter till över natten.

3. Sätt ett galler i mitten av ugnen. Värm ugnen till 450° F. Smörj och mjöla en stor ugnsform.

4. Rulla degen mellan två ark plastfolie till 1/4-tums tjocklek. Skär ut kakor med en 2-tums rund kakskärare. Lägg kakorna på den förberedda bakplåten. Samla upp resterna och hantera dem så lite som möjligt, kavla ut och skär degrester på samma sätt. Pensla topparna med uppvispad äggvita. Strö över sesamfrön.

5. Grädda i 12 till 14 minuter eller tills de fått lite färg runt kanterna. Överför till ett galler för att svalna. Servera i rumstemperatur. Förvara i en lufttät behållare i upp till 2 veckor.

# **GRÖNTSAKSMOTIK**

# inlagda oliver

## olivmarinad

**Gör 6 till 8 portioner**

För många italienare kan en skål med goda oliver och segt bröd vara en komplett måltid. Oliver torkade i saltlake eller olja är aromatiska. De flesta kommer från Italien, Frankrike eller Grekland och kan vanligtvis hittas sålda i vikt i snabbköpets delikatessavdelning. Undvik de mjuka, tjocka svarta oliverna som säljs på burkar.

Oliver accepterar olika marinader bra. Du kan variera genom att tillsätta peppar, grönt, bladselleri eller torkade tomatremsor. Prova en blandning av gröna och svarta varianter om du vill.

8 uns Gaeta eller andra milda svarta oliver

1 citron

½ kopp extra virgin olivolja

2 vitlöksklyftor, lätt krossade

1 tsk fänkålsfrön

**1.**Tvätta oliverna under kallt rinnande vatten. Låt rinna av väl och torka med hushållspapper.

**två.**Använd en grönsaksskalare med roterande blad och ta bort två 2-tums remsor från citronens gula skal. Undvik att gräva i den vita insidan eller ösa ur den med en kniv.

**3.**Blanda alla ingredienser i en skål och blanda väl. Täck och kyl, skaka behållaren då och då, i 1 vecka. Servera i rumstemperatur.

## Svarta oliver med citrusfrukter

*Oliva Nere Kondite*

**Gör 6 till 8 portioner**

*Ibland lägger jag till väldigt tunna skivor selleri, fänkål eller morötter till dessa oliver och serverar dem som en sallad med smörgåsar. Använd en grönsaksskalare med ett roterande blad för att ta bort endast den tunna, färgade delen av citrusskalet, känd som skalet, utan att ta bort det bittra vita skalet under ytan.*

8 uns Gaeta eller andra milda svarta oliver

1 (1-tums remsa) apelsinskal

Skal av 1 (1-tums remsa) citron

¼ dl extra virgin olivolja

2 matskedar färsk citronsaft

1 msk finhackad mejram eller färsk timjan

1 liten torkad chili eller en nypa krossad röd paprika

**1.** Lägg oliverna i en skål. Vik skalet och skär det i mycket tunna skivor med en stor, tung kniv.

**två.** Blanda alla ingredienser i en skål och blanda väl. Täck och kyl, skaka behållaren då och då, i 1 vecka. Servera i rumstemperatur.

# Kryddiga oliver i en panna

## Oliver i Padella

**Ger 8 portioner**

*För detta enkla mellanmål, välj en oliv med mild smak och inte för salt, till exempel Gaeta.*

2 vitlöksklyftor, lätt krossade

¼ kopp olivolja

8 uns möra svarta oliver

1 färsk grön paprika, kärnad och hackad, eller 1/4 tsk krossad röd paprika

½ tsk torkad oregano

1 dl körsbärstomater, i fjärdedelar

2 msk hackad färsk persilja

**1.** I en liten stekpanna, koka vitlöken i oljan på medelvärme, pressa med baksidan av en träslev tills vitlöken är lätt brynt runt kanterna, cirka 2 minuter.

**två.**Tillsätt oliver, peppar och oregano. Koka under konstant omrörning i 5 minuter.

**3.**Tillsätt tomaterna och koka i ytterligare 2 till 3 minuter. Rör ner persiljan. Låt svalna och servera i rumstemperatur.

## rostade oliver

### olivträd i ugnen

**Gör 6 till 8 portioner**

*Fuktiga, köttiga oliver som inte är för salta eller starkt smaksatta är bäst att steka. Värmen i ugnen koncentrerar deras smaker, så leta efter oliver som är mjuka. Servera dessa oliver med bröd för att suga upp den läckra oljan som omger dem.*

8 uns möra svarta oliver, såsom Gaeta eller Alfonso

4 uns torkade gröna oliver, tvättade och dränerade

6 vitlöksklyftor, skalade

½ lime, tunt skivad

⅓ kopp olivolja

1 tsk fänkålsfrön

En nypa krossad röd paprika

2 msk hackad färsk persilja

1.Värm ugnen till 350 ° F. Kombinera alla ingredienser i en liten ugnsform. Grädda i 45 minuter, rör om 2 eller 3 gånger.

**två.**Lägg över oliverna i en skål och servera varma.

# zucchinipannkaka

## Fritelle di Zucchini

**Ger 6 portioner**

*Mini silver dollar zucchini och örtpannkakor är ett utsökt mellanmål vare sig det serveras varmt eller i rumstemperatur. Jag serverar dem även till fisk som tillbehör.*

1 pund liten zucchini eller gul squash, skalad och putsad

1 medelstor lök, putsad och delad i fjärdedelar

2 stora ägg, vispade

½ kopp oblekt universalmjöl

½ dl nyriven Parmigiano-Reggiano

2 msk hackad färsk persilja

2 msk hackad färsk oregano eller mynta

Salta och mald svartpeppar efter smak

Ca 3 matskedar olivolja

1.Riv zucchinin och löken i en skål i en matberedare eller med de stora hålen på ett rivjärn. Tillsätt resten av ingredienserna förutom oljan och rör om snabbt för att blandas.

**två.**I en stor stekpanna, värm oljan på medelvärme tills en del av zucchiniblandningen fräser när den placeras i pannan. Tillsätt smeten en matsked i taget, platta till något till 1/4-tums tjocklek. Koka i 2 minuter eller tills de är gyllene runt kanterna. Vänd skivorna med en spatel och koka i ytterligare 2 minuter eller tills de är gyllenbruna.

3.Torka på hushållspapper. Servera varm eller i rumstemperatur.

# inlagda svampar

## inlagda svampar

**Gör 1 liter**

*Inlagda svampar är perfekta till en antipastirätt, eller använd dem i smörgåsar eller som pålägg till en frittata. Det här receptet kommer från min faster Loretta Balsamo. Hon är en fantastisk kock och när hon godkänner ett av mina recept vet jag att det är rätt.*

1 kopp vit vinäger

1 glas vatten

1½ pund vita svampar, halverade eller i fjärdedelar om de är stora

4 vitlöksklyftor

1 tesked salt

½ tsk torkad oregano

En nypa krossad röd paprika

extra virgin olivolja (valfritt)

1. Koka upp vinäger och vatten i en stor kastrull. Tillsätt svampen och låt vätskan koka upp. Koka i 5 minuter. Häll av svampen, spara vätskan.

**två.**Lägg svampen i en glasburk, tryck ner dem med baksidan av en sked. Tillsätt vitlök, salt, oregano och krossad röd paprika. Tillsätt tillräckligt med av den reserverade vätskan för att täcka svampen. Låt svalna något, täck över och ställ i kylen i minst 24 timmar innan servering.

3. Om så önskas, servera champinjoner översållad med olivolja. Svampar håller sig bra i kylen i upp till 2 veckor.

# Svamppastej från två Sicilier

## Pâté delle Due Sicilie

**Gör 6 till 8 portioner**

*Jeanne Carole Francesconis bok La Cucina Napoletana tillskriver detta recept till en av de mest kända franskutbildade kockarna som arbetade för aristokratiska familjer i södra Italien på 1700- och 1800-talen. En sådan kock var känd som monzu, en korruption av den franske monsieuren.*

2 skedar osaltat smör

12 uns svamp, putsad och skivad

½ tsk hackad färsk timjan

Salt och nymalen svartpeppar

¼ dl torr Marsala

2 msk svart olivpasta eller finhackade mjuka svarta oliver som Gaeta

1 msk kapris, tvättad och torkad

två/3 koppar gräddfil

Tunt skivat rostat italienskt eller franskt bröd

1.Smält smöret i en stor stekpanna på medelvärme. Tillsätt svamp, timjan och salt och peppar efter smak. Koka under konstant omrörning tills svampen släpper saften. Öka värmen och låt sjuda tills vätskan avdunstat, cirka 10 minuter.

**två.**Tillsätt Marsala och koka tills det har avdunstat. Tillsätt oliver och kapris. Koka i ytterligare 5 minuter. Tillsätt grädde och låt koka tills det har avdunstat. Låt svalna.

3.Skrapa ner blandningen i en matberedare eller mixer. Bearbeta tills den är slät. Packa blandningen i en liten skål. Servera i rumstemperatur med rostat eller grillat bröd.

# Champinjoner fyllda med kalvkött

## Funghi Ripieni di Vitello

**Ger 8 till 12 portioner**

*Svamp fylld med köttfärs, ströbröd, grönsaker eller ost är ett perfekt tillskott till olika heta antipasti, och passar även bra till stekar eller biffar. Vita eller knappsvampar med 1- till 2-tums diameter kapsyler är precis rätt storlek för mellanmål, eftersom de kan ätas i en eller två tuggor.*

24 medelstora vita svampar, lätt tvättade och torkade

2 skedar osaltat smör

¼ dl schalottenlök, skalad och finhackad

½ tsk hackad färsk timjan

8 uns malet kalvkött

1 stort ägg

½ dl vanligt brödsmulor

¼ dl nyriven Parmigiano-Reggiano

2 msk hackad färsk persilja

Salt och nymalen svartpeppar

1. Sätt ett galler i mitten av ugnen. Värm ugnen till 400 ° F. Smörj en 13 x 9 x 2-tums bakform.

två.Ta bort stjälkarna från svampen och hacka.

3. Värm smöret på medelvärme i en medelstor kastrull. Tillsätt schalottenlöken och koka, rör om, tills den är mjuk, cirka 4 minuter. Tillsätt hackade svampstjälkar och timjan. Koka tills svampen är mjuk och lätt brynt, ca 10 minuter.

4. I en stor skål, kombinera kött, ägg, brödsmulor, ost, persilja och salt och peppar. Tillsätt den kokta svampstamblandningen. Fyll svamplocken, bred ut fyllningen lite.

5. Lägg svampen på den förberedda bakplåten. Grädda i 30 minuter eller tills svamplocken är mjuka och fyllningen gyllenbrun. Servera den varm.

## Champinjoner fyllda med mozzarella och skinka

### Funghi Ripieni

**Ger 4 portioner**

*I Turin, Piemonte, åt jag stora svampar fyllda med hackad svamp, skinka och en krämig sås. Här är en mycket enklare fylld svamp som har samma smakegenskaper som krämig färskost och salt skinka. Servera en per person som en varm aptitretare eller skär i fjärdedelar för gästerna att dela.*

4 stora shiitake- eller portobellosvampar, lätt tvättade och torkade, stjälkarna borttagna

Olja

4 tunna skivor importerad italiensk prosciutto eller kokt prosciutto

4 skivor färsk mozzarella

4 färska basilikablad, rivna

1. Placera grillen eller grillen cirka 5 tum från värmekällan. Värm upp grillen eller grillen.

**två.** Pensla svamplocken med olivolja på båda sidor. Grilla, med ovansidan uppåt, tills de fått lite färg, cirka 5 minuter. Vänd på locken och grilla den andra sidan tills den är mjuk, ca 3 minuter till.

3.Lägg en skiva skinka och ost i varje lock, vik bitarna så att de passar. Grilla i 1 minut eller tills osten smält något.

4.Strö över basilika och servera genast.

# Piemontepeppar

## Piemonte pepperoni

**Ger 6 portioner**

*Piemonte är känt för sina utmärkta viner, söta hasselnötter och stora paprika. Kallas rutor på grund av sin stora, fyrkantiga form, paprika är en syn att se när de staplas på ett marknadsstånd, som jag först såg dem i Asti, deras ljusa orange, gröna, röda och guld i morgonsolen. Piemontesiska kockar kombinerar ofta paprika med vitlök, kapris och ansjovis för en symfoni av söta, salta och kryddiga smaker.*

4 stora röda eller gula paprikor

3 matskedar olivolja

8 hackade ansjovisfiléer

2 msk hackad färsk persilja

2 msk hackad basilika

1 vitlöksklyfta, hackad

1 sked kapris

Salta och nymalen svartpeppar efter smak

2 matskedar rödvinsvinäger

1. Skär ut kärnan och fröna från paprikan. Skär paprika i 1/2-tums remsor och klipp av vita hinnor.

två. Hetta upp oljan i en stor stekpanna på medelvärme. Tillsätt pepparremsorna och koka i 20 till 25 minuter eller tills de är mjuka, rör om ofta.

3. Tillsätt resterande ingredienser. Öka värmen och koka, rör om då och då, tills det mesta av vätskan har avdunstat. Låt svalna. Servera i rumstemperatur.

# Rostade pepparrullar

## Involtini di Pepperoni

**Ger 8 portioner**

Jag hade paprika tillagad så här i Sorrento. Mozzarellan där görs dagligen med buffelmjölk. Mjölken är särskilt krämig och rik, och osten som framställs av den är mycket slät, med en liten kryddighet. Det smälter vackert, så det är perfekt till den här rätten. Färsk komjölksmozzarella här är också mycket god och allmänt tillgänglig, men försök undvika den hårda, gula färdigförpackade mozzarellan. Den saknar rätt smak och konsistens.

4 stora röda eller gula paprikor

2 stora mogna tomater, skalade, kärnade och hackade

¼ dl nyriven Pecorino Romano

2 msk hackad färsk basilika

2 matskedar olivolja

Salt och nymalen svartpeppar

8 uns färsk mozzarella

1. Sätt ett galler i mitten av ugnen. Värm ugnen till 450° F. Skär paprikan på mitten på längden och ta bort kärnor, stjälkar och vita hinnor. Lägg paprikorna med snittsidan nedåt på en plåt. Rosta i 25 minuter eller tills skalen har krympt och paprikorna är mjuka när de sticks hål med kniv. Lägg paprikan i en skål och täck med plastfolie. Låt svalna. Ta bort huden.

**två.** När du är redo att rosta paprikan, förvärm ugnen till 450 ° F. Smörj en stor ugnsform med olja.

3. Rör ner tomater, pecorino, basilika, olivolja, salt och peppar efter smak. Ställ åt sidan 1/2 kopp. Rör ner mozzarellan i resterande tomater.

4. Dela mozzarella- och tomatfyllningen mellan paprikahalvorna. Vik ändarna för att stänga fyllningen. Lägg rullarna på den förberedda bakplåten. Skeda över den reserverade tomatblandningen.

5. Grädda i 15 minuter eller tills osten smält. Servera varm.

## Paprika fyllda med tonfisk

### Pepperonirullar

**Ger 8 portioner**

*Min mamma gjorde ofta detta recept med hjälp av de ingredienser hon hade till hands. Ibland fylldes paprikan med tonfisk, ibland med ansjovis, och ibland tillsattes oliver till blandningen. Brödmjöl, salt och peppar var de enda konstanterna. Det spelar ingen roll; det smakade alltid bra.*

2 stora röda paprika

2 stora gula paprikor

1 (61/2 oz) burk tonfisk, packad i olivolja

1 stor tomat, finhackad

1/2 dl vanligt brödsmulor

2 matskedar kapris, tvättad och hackad

2 msk hackad färsk persilja

Salt och nymalen svartpeppar

½ koppar torrt vitt vin

2 matskedar olivolja

1. Sätt ett galler i mitten av ugnen. Värm ugnen till 400 ° F. Smörj en 13 x 9 x 2-tums bakform.

två. Dela paprikan på längden och ta bort frön, stjälkar och vita hinnor. Lägg skivorna med snittsidan uppåt på plåten.

3. Lägg tonfisken och dess olja i en skål. Rör ner tomater, ströbröd, kapris, persilja samt salt och peppar efter smak. Häll blandningen i paprikan. Häll över paprikavinet. Ringla över återstående olja.

4. Grädda paprikorna i 40 minuter eller tills de är mjuka. Servera i rumstemperatur.

## sötsur aubergine

### caponata

**Ger 8 portioner**

caponata*det är en av de klassiska sicilianska rätterna och det finns många varianter, bland annat en med skaldjur och en annan med russin och pinjenötter. Under julen förbereder många sicilianare en speciell caponata med selleri, mandel, kapris och oliver. Det här receptet är caponata precis som jag gillar det baserat på de varianter jag har smakat. Caponata smakar bäst om du låter den koka i minst några timmar eller över natten. Håller sig bra i kylen i flera dagar, men bör serveras i rumstemperatur.*

2 medelstora auberginer, cirka 12 uns vardera, skurna i 1-tums kuber

salt

1 stor lök, hackad

¼ kopp olivolja

1 1/2 dl tomatpuré

2 möra revbenselleri, hackade

1 kopp hackade gröna oliver

¼ dl kapris, tvättad och torkad

3 matskedar socker

⅓ kopp rödvinsvinäger

Vegetabilisk olja för stekning

2 medelstora röda paprikor, skurna i små bitar

1. Lägg auberginebitarna i ett durkslag, strö varje lager med salt. Lägg ett durkslag över en tallrik och låt stå i 1 timme.

**två.** I en stor gryta, koka löken i olivoljan på medelvärme tills den är mjuk, cirka 5 minuter. Tillsätt tomater, selleri, oliver, kapris, socker och vinäger och blanda väl. Koka upp och låt sjuda i 15 minuter.

3. Värm 1/2 tum vegetabilisk olja i en stor, tung stekpanna över medelvärme. Tillsätt en bit peppar. Om det fräser snabbt är oljan tillräckligt varm. Tillsätt försiktigt resten av paprikan. Koka tills paprikorna är mjuka och börjar få färg, cirka 10 minuter. Ta bort paprikan med en hålslev och lägg i tomatsåsen.

4. Tvätta auberginebitarna och torka dem med hushållspapper. Tillsätt mer olja i pannan om det behövs. Stek auberginen i

omgångar tills den är mjuk och gyllene, ca 5 minuter. Överför auberginen till hushållspapper för att rinna av.

5. Rör ner auberginerna i tomatsåsen och koka i 10 minuter. Servera i rumstemperatur.

# Sparris och äggsallad

## Insalata di Asparagi

**Ger 4 portioner**

*Sparris och ägg verkar ha en speciell samhörighet med varandra, kanske för att båda är som bäst på våren. Jag åt denna härliga sallad i Bassano del Grappa, i regionen Veneto, en stad känd för sin utmärkta vita sparris. För att hålla sparrisen vit och behålla sin milda smak, täck över sparrisen medan den växer. Eftersom de kräver mycket mer skötsel än vanlig sparris är de betydligt dyrare. Grön sparris kan användas om så önskas.*

3 stora ägg

1 pund sparris (helst vit), putsad

salt

2 msk hackad färsk persilja

1 msk finhackad färsk gräslök

2 matskedar extra virgin olivolja

1 till 2 matskedar färsk citronsaft

Nymalen svartpeppar

**1.**Lägg äggen i en medelstor kastrull med kallt vatten för att täcka. Täck pannan och låt vattnet koka upp. Koka i 12 minuter. Häll av äggen och svalna under rinnande vatten.

**två.**Koka upp cirka 2 tum vatten i en stor kastrull. Tillsätt sparris och salt efter smak. Koka tills sparrisen är mjuk, cirka 5 till 8 minuter, beroende på tjockleken på spjuten. Kyl sparrisen under kallt rinnande vatten. Häll av och torka.

**3.**Skär sparrisen och äggen i små bitar. Lägg dem i en medelstor skål med persilja och gräslök.

**4.**I en liten skål, blanda olja, citronsaft, salt och peppar efter smak. Häll dressingen över sparrisen och äggen i en skål och blanda försiktigt. Servera omedelbart.

# Rostad Radicchio med mozzarella och ansjovis

## Bakad Radicchio med mozzarella

**Ger 6 portioner**

*Jag tycker att den sötsyrliga smaken av kokt radicchio är mycket tilltalande, särskilt när den kombineras med slät, krämig mozzarella och salt ansjovis. Det här är min version av en maträtt som jag har ätit många gånger på italienska restauranger över hela USA.*

2 medelstora huvuden av radicchio, putsade

⅓ kopp olivolja

Salt och nymalen svartpeppar

8 uns färsk mozzarella, skuren i 16 klyftor

1 (2 till 3 oz.) ansjovisfiléer, avrunna

**1.** Sätt ett galler i mitten av ugnen. Värm ugnen till 425 ° F. Smörj en 13 x 9 x 2-tums ugnsform.

**två.** Skär varje radicchiohuvud genom kärnan i 8 klyftor. Ordna skivorna på plåten. Pensla skivorna med olivolja och strö över salt och peppar. Rosta radicchion i 20 minuter eller tills den är mjuk när den är genomborrad med en kniv och lätt brynt. Ta ut formen från ugnen, men låt ugnen vara påslagen.

3. Lägg en bit mozzarella, en ansjovisfilé och en nypa persilja på varje skiva. Sätt tillbaka formen i ugnen och grädda i ytterligare 2 minuter eller tills osten börjar smälta. Servera varm.

# ÄGG ANTIPAST

# Fyllda ägg

## Uova Ripiene

**Ger 8 portioner**

*När jag var liten började påskmiddagen alltid med en aptitretare fylld med hårdkokta ägg, salami från den lokala fläskbutiken, selleri och oliver. Mitt jobb var att koka äggen. Här är ett av mina favoritsätt att göra dem.*

8 stora ägg

Salladsblad

4 ansjovisfiléer, tvättade och hackade

1 msk kapris, tvättad och torkad

1 msk finhackad färsk plattbladig persilja

2 skedar majonnäs

1 sked olivolja

Salt och nymalen svartpeppar

Färska bladpersilja, till dekoration

1. Lägg äggen i en medelstor kastrull med kallt vatten för att täcka. Täck pannan och låt vattnet koka upp. Koka i 12 minuter. Häll av äggen och svalna under rinnande vatten.

**två.** Bred ut en tallrik med salladsblad. Skala äggen och halvera dem på längden. Skopa ur äggulorna och lägg dem i en skål. Lägg äggvitehalvorna på en salladsbädd.

3. I en medelstor skål, vispa äggulorna med ansjovis, kapris, persilja, majonnäs och olivolja tills de blandas. Tillsätt salt och peppar efter smak.

4. Häll äggulablandningen i vitorna. Dekorera med basilikablad. Servera omedelbart.

## tonfisk fyllda ägg

### Uova Ripiene di Tonno

**Gör 4 till 8 portioner**

*Recept är några av mina favoritminnen från minnesvärda matupplevelser. När jag till exempel gör dessa ägg minns jag första gången jag åt dem på Belvedere, en favoritrestaurang i La Morra, Piemonte. Värden berättade vad som fanns i dem och hemma experimenterade jag med ingrediensernas proportioner för att få den smak jag kom ihåg.*

4 stora ägg

2 msk osaltat smör, mjukat

¼ dl torkad tonfisk i olja, mosad

1 msk riven Parmigiano Reggiano

Salt och nymalen svartpeppar

Salladsblad

Hackad färsk persilja, till dekoration

1. Lägg äggen i en medelstor kastrull med kallt vatten för att täcka. Täck pannan och låt vattnet koka upp. Koka i 12 minuter. Häll av äggen och svalna under rinnande vatten.

**två.** Skala äggen på mitten på längden och ta bort äggulorna. Blanda äggulorna med smöret i en medelstor skål. Tillsätt tonfisk, ost och salt och peppar efter smak.

3. Lägg äggvitorna på en tallrik klädd med salladsblad. Fyll äggvitorna med äggulablandningen. Garnera med hackad persilja. Servera omedelbart.

# **KÖTTANTIPASTE**

## Fikon och melon med skinka

### Fichi och Melone al Prosciutto

**Ger 4 portioner**

Sommarmogna fikon och saftiga melonskivor med prosciutto är en klassisk aptitretare. Både bruna och gröna fikon fungerar, och du kan använda honungsdagg, cantaloupe eller någon annan mogen, söt melon än vattenmelon. Plockade fikon mognar inte, så köp dem när de är mjuka och en droppe nektar syns från öppningen i slutet av blomman. Finns det inga fikon passar skivor av mogna päron, ananas eller persimmons bra till skinkan.

Använd den bästa skinkan, såsom Prosciutto di Parma, för denna enkla aptitretare. Se till att skinkan är fuktig, inte torr, och att skivaren skär köttpappret tunt och lägger det på bakplåtspappret. Om skivorna håller ihop blir det väldigt svårt att skilja dem åt.

4 mogna färska fikon

8 (1 tum tjocka) skivor honungsdagg, cantaloupe eller annan melon

12 tunna skivor importerad italiensk skinka

Skala fikonen med en liten vass kniv. Lägg fikon och melonskivor på serveringsfat. Lägg skinkan ovanpå. Servera omedelbart.

# Sparris och skinkrullar

## Prosciutto och sparris Involtini

**Gör 4 till 8 portioner**

Tunna skivor av mör skinka lindade runt sparrisspjut gör en frestande aptitretare. Det finns många varianter på detta tema. Byt till exempel ut skinka mot rökt lax eller salami, och brödpinnar mot sparris.

1 pund medelstor sparris

salt

¼ lb. tunt skivad importerad italiensk skinka

1. Ta bort eller skär bort basen på sparrisen där färgen ändras från grönt till vitt. Koka upp cirka 2 tum vatten i en stor kastrull. Tillsätt salt efter smak. Tillsätt sparrisen. Koka tills sparrisspjutet lätt böjs när det lyfts till skaftet, cirka 4 till 8 minuter, beroende på sparrisens tjocklek. De ska vara mjuka men krispiga. Häll av sparrisen och svalna under rinnande vatten. Torr.

**två.**Skär skinkskivorna på mitten på tvären. Lämna ändarna blottade, vira en bit parmaskinka runt längden på varje sparrisspjut. Lägg upp sparrisen på en tallrik.

**3.**Servera omedelbart eller täck med plastfolie och ställ i kylen i upp till 3 timmar.

# Stekta fikon i skinka

*fil i skinka*

**Gör 4 till 8 portioner**

Fikonträd växer överallt i Italien. De är naturligtvis mycket odlade, men du hittar också träd som växer på måfå vid vägkanter, växer ut ur stenmurar och till och med sprickor i trottoaren.

Färska fikon blir mer populära och tillgängliga i USA. De är goda i efterrätt, men även till ost eller skinka till första rätten. Italienarna säger att de bästa fikonen har en "tår i ögat" och en lacrima nell'occhio, det vill säga en droppe saft som rinner från spetsen av blomman till fruktens bas, vilket indikerar att de är helt mogna. .

Om du inte har en tjock, rik, lagrad traditionell balsamico, servera fikonen vanligt. Något annat sätt fungerar helt enkelt inte.

8 stora färska bruna fikon

8 skivor importerad italiensk prosciutto, halverad

Balsamvinäger av bästa kvalitet (valfritt)

1. Värm ugnen till 350° F. Skär fikonen på mitten på längden. Vira en bit prosciutto helt runt varje sida av fikonet. Lägg fikonen på en plåt. Grädda i 10 minuter eller tills den är genomvärmd.

**två.** Överför fikonen till ett serveringsfat. Ringla över varje sida med en droppe eller två balsamvinäger, om du använder. Servera omedelbart.

## citron köttbullar

### Polpetina al Limon

**Ger 6 portioner**

*Alla älskar när jag gör dessa läckra köttbullar, som jag åt för första gången på Capri. Jag brukar dubbla receptet för att se till att alla får i sig tillräckligt. De är också goda serverade med en lätt färsk tomatsås.*

½ dl torrt skorpfritt bröd, skuret i små bitar

½ dl kallt vatten

½ lb magert nötfärs

¼ dl nyriven Parmigiano-Reggiano

2 matskedar finhackade pinjenötter

2 msk finhackad färsk plattbladig persilja

Salt och nymalen svartpeppar

½ tsk citronskal

1 matsked färsk citronsaft

1 stort ägg, uppvispat

3 matskedar olivolja

citronskivor

1.Blötlägg brödet i vatten i 10 minuter. Krama ur överflödig vätska.

två.Blanda alla ingredienser utom olja och citronskivor i en stor skål. Knåda blandningen med rena händer tills den är väl blandad.

3.Tvätta händerna i kallt vatten. Forma köttblandningen till 1-tums bollar.

4.Hetta upp oljan i en stor panna. Lägg bara till tillräckligt många köttbullar för att passa bekvämt utan att buntas. Koka, vänd bollar då och då, tills de fått färg på alla sidor, cirka 8 minuter.

5.Servera varm med citronklyftor.

## Kycklingpastej och oliver

### Pollo paté

**Ger 8 portioner**

*Vilt, fläsk och kalvkött är det typiska köttet som används för att göra paté, men denna enkla piemontesiska version är tilltalande eftersom den är gjord på kyckling. Den kan göras till en skål eller en form och ser snygg ut på en skänk garnerad med picklad lök, salladslök, körsbärstomater eller inlagda soltorkade tomater.*

1 medelstor lök, hackad

1 medelstor morot, hackad

1 revbensselleri, hackad

6 benfria, skinnfria kycklinglår

salt

½ koppar (1 pinne) osaltat smör, mjukat

1 tsk citronskal

½ tsk mald muskotnöt

1 vitlöksklyfta, hackad

Nymalen svartpeppar

½ kopp importerade milda svarta oliver, som Gaeta, urkärnade och grovt hackade

mör grön sallad

Rostat italienskt eller franskt bröd

1. Lägg lök, morot, selleri och kyckling i en stor gryta. Tillsätt kallt vatten så att det täcker och salta efter smak. Koka upp och koka tills kycklingen är mjuk, ca 30 minuter. Låt kycklingen svalna något i buljongen.

två. Överför kycklingen till en matberedare utrustad med stålblad eller skärbräda. Mal mycket fint. Överför till en stor skål och rör ner smör, citronskal, muskotnöt, vitlök och salt och peppar efter smak. Tillsätt hackade oliver.

3. Klä en liten skål med plastfolie. Tillsätt kycklingblandningen och packa in den tätt. Täck över och ställ i kylen i flera timmar eller över natten.

4. För att servera, skär pajen i 8 skivor. Servera på en bädd av grönt med rostat bröd.

# SKJÖDSMÅD ANTIPAST

# Pilgrimsmusslor Gratäng

*gratäng capesante*

**Ger 4 portioner**

*I Italien säljs pilgrimsmusslor levande i sina skal, med deras halvmåneformade, korallfärgade löjrom fortfarande fästa. Kaviar kan tillagas med pilgrimsmusslor och smaken är utmärkt. Men du kanske inte har mycket tur utanför Italien; de flesta pilgrimsmusslor som säljs i USA skalas bort, och den färska löjromen kasseras för att få skaldjuren att hålla längre.*

*Stora, återanvändbara pilgrimsmusslor säljs i många köksbutiker. Skalen gör vackra bak- och serveringsfat till dessa pilgrimsmusslor eller för servering av nötter, oliver eller andra smårätter.*

16 stora pilgrimsmusslor

1 tsk hackad färsk dragon

1 tsk finhackad färsk basilika

1 tsk finhackad färsk persilja

2 matskedar färsk citronsaft

2 msk osaltat smör, smält och kylt

Salta och nymalen svartpeppar efter smak

2 matskedar fint torrt ströbröd

citronskivor

1. Värm kycklingen. Smörj en liten ugnsfast form eller 4 pilgrimsmusslor med smör.

**två.**Lägg upp pilgrimsmusslorna på ett fat eller dela dem mellan skalen. Strö över var och en av dessa örter. Blanda smör och citronsaft i en liten skål och tillsätt en nypa salt och lite peppar. Häll blandningen över pilgrimsmusslorna. Strö dem med ströbröd.

3. Placera pilgrimsmusslorna under broilern i 2 till 3 minuter, eller tills smulorna är rostade och pilgrimsmusslorna är något ogenomskinliga i mitten. Servera varm, med citronskivor.

# Bakade pilgrimsmusslor med marsala och mandel

## Capesante al Marsala

**Ger 4 portioner**

*Min man och jag åt pilgrimsmusslor tillagade på detta sätt på en populär trattoria i Venedig. Att tillaga dem i individuella pilgrimsmusslor, tillgängliga i köksbutiker, ger en vacker presentation.*

1 pund stora pilgrimsmusslor

6 matskedar osaltat smör, smält

2 msk finhackad schalottenlök

2 matskedar torr Marsala

1 till 2 teskedar färsk citronsaft

Salt och nymalen svartpeppar

2 matskedar flingad mandel

citronskivor

1. Sätt ett galler i mitten av ugnen. Värm ugnen till 375 ° F. Smörj en 9-tums ugnsform med smör. Eller, om du använder pilgrimsmussla, smör 4 pilgrimsmusslor och lägg på en plåt.

**två.** Skär pilgrimsmusslorna på mitten på tvären. Krydda dem med salt och peppar och lägg dem i ett fat eller skal.

3. Smält smöret i en liten panna. Tillsätt schalottenlöken och koka i 2 minuter eller tills den är mjuk. Tillsätt Marsala och låt koka upp. Rör ner citronsaft och salt och peppar efter smak.

4. Häll smörblandningen över pilgrimsmusslorna. Strö mandel ovanpå. Grädda i 12 minuter eller tills pilgrimsmusslorna är ogenomskinliga och mandeln är lätt brynt. Servera genast med citronklyftor.

# Fisk-och skaldjurssallad

## Insalata di Mare

**Ger 8 portioner**

När jag var liten började ingen julaftonsmiddag i vårt hus utan denna skaldjurssallad i napolitansk stil. Nu serverar jag den året runt som förrätt till skaldjursmiddagar. Pilgrimsmusslor, musslor och musslor kan också användas som tillägg till eller i stället för skaldjuren som anges nedan.

2 pund bläckfisk, tinad om den är fryst

salt

1 pund rensad bläckfisk (bläckfisk)

1 pund medelstora räkor, skalade och deveirade

3 möra revbenselleri, tunt skivade

½ kopp importerade milda svarta oliver, som Gaeta, urkärnade och grovt hackade

⅓ kopp extra virgin olivolja

3 msk färsk citronsaft eller efter smak

¼ dl hackad persilja

2 vitlöksklyftor, hackade

½ tsk färskt citronskal

En nypa krossad röd paprika

1 hel citron, skuren i skivor

1. Koka upp 2 liter vatten i en stor kastrull. Tillsätt bläckfisken och 1 msk salt. Koka, täckt, tills bläckfisken är mjuk när den genomborras med en gaffel, 45 till 60 minuter. Häll av bläckfisken och låt den svalna något. Skrapar lös hud. Skär köttet i små bitar.

två.Skär bläckfiskkropparna i 1-tums ringar. Skär varje uppsättning tentakler på mitten på längden över basen.

3. Koka upp en stor kastrull med vatten. Tillsätt salt och räkor. Koka tills räkorna är rosa och genomstekta, 2 till 3 minuter. Ta bort räkorna och kyl dem under kallt rinnande vatten. Låt vattnet i grytan koka upp igen. Låt räkorna rinna av väl.

4. Lägg bläckfisken i kokande vatten och koka tills den är ogenomskinlig, cirka 1 minut. Häll av väl och kyl under rinnande vatten.

5. Skär räkorna i små bitar. Kombinera skaldjur, selleri och oliver i en stor serveringsskål.

6. Rör ner olja, citronsaft, persilja, vitlök, citronskal, krossad rödpeppar och salt efter smak. Häll dressingen över salladsblandningen och blanda väl. (Om du gör salladen i förväg, häll bara hälften av dressingen över den. Täck salladen och ställ i kylen i upp till 2 timmar. Ringla över resten av dressingen innan servering.) Smaka av efter smaksättning. Dekorera med citronskivor.

## torskpuré

### Brandacujun eller Baccala Mantecato

**Ger 8 portioner**

om du aldrig har provat<u>torsk eller torsk</u>i förväg, börja med detta recept. Det är en fantastisk aptitretare eller förrätt och serveras vanligtvis med rostat bröd eller skivor av grillad polenta.

Ligurierna gör det med torsk och kallar det brandacujun, även om ett liknande recept gjort med torsk i Veneto kallas baccala mantecato. I Ligurien kokas fisk och potatis tillsammans och rörs sedan kraftigt i en kastrull tills det bildas en lite tjock mos. Venetianerna vispar kokt fisk med olivolja med bara en träslev. Jag föredrar att mosa fisken i en mixer eller matberedare och sedan mixa potatismoset för hand så att det blir lätt och luftigt.

Rester kan värmas upp i en skål över kokande vatten (eller i en dubbelkokare), eller göras till små biffar, rullas i ägg och ströbröd och stekas i olja.

1 kilo benfritt blötlagt<u>torsk eller torsk</u>

3 medelstora potatisar, skalade och skurna i bitar

2 vitlöksklyftor, skalade

salt

½ kopp extra virgin olivolja

¼ dl finhackad färsk persilja

Rostat italienskt eller franskt bröd

1. Förbered vid behov fisken. Koka sedan upp 2 liter vatten. Tillsätt fisken och täck pannan. Koka i 20 till 30 minuter eller tills fisken är mjuk. Ta bort fisken med en hålslev och lägg på en tallrik.

**två.** Lägg potatisen, vitlöken och saltet efter smak i en medelstor kastrull med kallt vatten för att täcka. Lägg på locket och koka på medelvärme. Koka tills potatisen är väldigt mjuk när den stickas hål med en kniv. Häll av potatisen, spara kokvattnet.

3. Använd en liten kniv och fingrarna för att ta bort och kasta benen och skinnet från fisken. Lägg fisken i en matberedare eller kraftfull elektrisk mixer och mixa tills den är väldigt slät.

4. Mal potatisen och vitlöken med en hackare eller i en matkvarn eller potatisstöt.

5. Blanda fisken och potatisen i en stor skål. Vispa i olivolja och salt efter smak. Tillsätt lite potatisvatten och rör om tills det blir ljust och luftigt. Rör ner persiljan.

6. Häll blandningen i en serveringsform och ringla över ytterligare olja. Servera varm med rostat bröd.

# **DIPS OCH PLATTOR**

## olivolja sås

### Pinzimonio

**Ger 4 portioner**

*Seden att använda olivolja som dopp till bröd under måltiderna är en amerikansk uppfinning, inte en italiensk (även om den nu ibland ses i Italien). Men italienare serverar nyttig extra jungfruolja med en mängd färska grönsaker som förrätt. De kallar det pinzimonio, från ordet för tång - så som dina fingrar ser ut när de doppar en bit grönsak i oljan. I Italien kan du till och med köpa speciella pinzimoniotallrikar, som består av en stor skål med grönsaker och mindre skålar för enskilda portioner olja.*

1 kopp extra virgin olivolja

Fint havssalt och nymalen svartpeppar

Diverse skivade grönsaker som morötter, selleri, schalottenlök, paprika, zucchini, rädisor

Fördela oljan mellan fyra små glas. Varje matgäst bör tillsätta salt och peppar efter smak. Servera med råa grönsaker.

## stackars kaviar

### Caviale di Povero Uomo

**Förbered 1 glas**

*Jag smakade den här läckra olivmassan för första gången i Bergamo, i skivor av krispigt stekt polenta. Även gott på rostat bröd eller råa grönsaksstavar.*

1 vitlöksklyfta

2 ansjovisfiléer

1 kopp hackade urkärnade svarta importerade oliver

2 msk hackad färsk persilja

Oraffinerad olivolja

Finhacka vitlök och ansjovis i en matberedare eller mixer. Tillsätt oliverna och hacka grovt. Rör ner persiljan och tillräckligt med olja för att fukta blandningen. Tjäna.

## Soltorkad tomatpuré

### Salsa di Pomodori Secchi

**Förbered 1 glas**

*Servera detta pålägg med rostat bröd eller brödpinnar, eller prova att breda det på en mjuk ost som robiola, mild färskost från Piemonte eller getost.*

1 dl soltorkade tomathalvor

1 vitlöksklyfta

1 sked kapris

2 matskedar extra virgin olivolja

1 sked balsamvinäger

salt

1. Lägg tomathalvorna i en medelstor skål med varmt vatten för att täcka. Låt det vila i 10 minuter. Häll av och torka.

**två.** Kombinera tomater, vitlök och kapris i en matberedare eller mixer och bearbeta tills de är finhackade. Tillsätt olja, vinäger och lite salt. Smaka av och justera kryddor.

3. Doppa blandningen i skålen. Täck över och låt vila i 1 timme innan servering.

# Piemonte badtunna

## Bagna Cauda

**Ger 6 portioner**

I Piemonte serveras detta "varma bad" av smörolja smaksatt med ansjovis och vitlök som en sås till färska grönsaker och bitar av gott bröd. Använd en rechaud- eller fonduegryta för att hålla såsen varm. Se till att ge små tallrikar och gott om servetter eftersom såsen är rinnig.

½ dl osaltat smör

⅓ kopp extra virgin olivolja

6 vitlöksklyftor, fint hackade

2 (2 oz) burkar ansjovisfiléer med olja

En mängd kokta och råa, skivade grönsaker som morötter, paprika, schalottenlök, selleri, broccoli, blomkål och potatis

Italienskt eller franskt bröd, skuret i små bitar

1. Blanda smör, olja, vitlök och ansjovis i en liten kastrull. Koka på medelvärme i 5 minuter, mosa ansjovisen med en träslev.

**två.** Häll såsen i en liten ugnsform eller fonduegryta över värmen. Serveras med grönsaker och bröd.

## tonfiskpasta

### Salsa Tonata

**Gör 1 1/2 koppar**

*Alla behöver pålitliga recept som kan sättas ihop på ett kick. Denna tonfiskdipp är högst upp på min lista. Jag har alltid ingredienserna i skafferiet och det är en riktig publikbehagare. Såsen är även god på kokta ägg, sparris, körsbärstomater eller på rostat bröd. Tonfisk packad i olja är här viktig för bättre smak och konsistens.*

1 (6 1/2 oz) burk tonfisk, packad i olivolja

4 ansjovisfiléer

1/2 dl majonnäs

2 msk kapris, avrunnen

1 liten vitlöksklyfta, skalad

1/2 tsk citronskal

1 1/2 till 2 matskedar färsk citronsaft

Belgiska endivblad, morots- eller selleristavar eller andra råa grönsaker

1. Kombinera tonfisken med olja, ansjovis, majonnäs, kapris, vitlök och citronskal i en matberedare eller mixer. Bearbeta tills den är slät, cirka 3 minuter, stanna för att skrapa ner blandningen efter behov. Tillsätt citronsaft efter smak.

**två.** Skrapa tonfiskblandningen i en liten skål. Serveras med grönsaker.

# Aubergine kaviar

## Caviale di Melanzana

**Gör ca 2 koppar**

Många grönsaks- eller rostat bröd görs med smör, majonnäs eller andra ingredienser med hög fetthalt. Den här såsen får en krämig konsistens från rostad aubergine och god smak från svamp, pinjenötter och vitlök, med endast en liten mängd extra virgin olivolja.

1 stor portobellosvamp, rengjord eller lätt sköljd med stjälken

1 stor aubergine, ca 1 pund

2 msk hackad färsk persilja

2 msk rostade pinjenötter

1 liten vitlöksklyfta, finhackad

2 matskedar olivolja

Salt och nymalen svartpeppar

Rostat italienskt eller franskt bröd eller råa grönsaker

1. Sätt ett galler i mitten av ugnen. Värm ugnen till 450 ° F. Klä en liten bakplåt med aluminiumfolie.

två. Pensla svampen lätt med olivolja. Lägg svampen och auberginen i pannan. Stick igenom aubergineskalet på flera ställen med en gaffel. Grädda i 20 minuter eller tills svampen är mjuk när den stickas igenom med en gaffel. Ta bort svampen. Vänd auberginen och låt koka i ytterligare 20 minuter eller tills de är mjuka när de sticks igenom med en kniv.

3. Ta ut auberginen från ugnen. Låt svalna något, ta bort stjälken från auberginen och halvera auberginen på längden. Lägg den i ett durkslag för att rinna av och svalna helt.

4. Ta bort fruktköttet från auberginema och kasta skalet. Hacka aubergine och svamp och lägg dem i en stor skål. Tillsätt persilja, pinjenötter, vitlök, olivolja, salt och peppar efter smak.

5. Häll blandningen i en serveringsform. Servera med rostat bröd eller råa grönsaker.

# Räk- och rissallad

## Insalata di Riso con Gamberi

**Ger 4 portioner**

*Fiumicino, som ligger utanför Rom, är mest känd som en av Italiens största flygplatser, uppkallad efter konstnären Leonardo Da Vinci. Men Fiumicino är också en hamn dit romarna gärna åker på sommaren för att njuta av den svala brisen och äta på en av de fantastiska skaldjursrestaurangerna längs kusten. På Bastianelli al Molo satt vi på terrassen under ett stort vitt paraply och tittade på havet. Jag åt en flerrätters måltid som inkluderade denna enkla räkor- och rissallad.*

**Kokt långkornigt ris kommer att stelna i kylskåpet, så förbered denna sallad precis innan servering.**

2 koppar brunt ris

⅓ kopp extra virgin olivolja

3 matskedar färsk citronsaft

1 pund medelstora räkor, skalade och deveirade

1 knippe ruccola

2 medelstora tomater, skurna i rundor

1.Koka upp 4 dl vatten i en stor kastrull. Tillsätt ris och 1 tsk salt. Skaka väl. Sänk värmen till låg, täck pannan och koka tills riset är mört, 16 till 18 minuter. Häll riset i en stor serveringsskål.

**två.**I en liten skål, blanda olja, citronsaft, salt och peppar efter smak. Blanda hälften av såsen med riset och låt svalna.

3.Skär bort de sega ruccola stjälkarna och släng eventuella gula eller blåmärken blad. Tvätta ruccolan i kallt vatten flera gånger. Torkar mycket bra. Skär ruccola i små bitar.

4.Koka upp 2 liter vatten i en medelstor kastrull. Tillsätt räkor och salt efter smak. Koka upp och koka tills räkorna är rosa och genomstekta, ca 2 minuter. Häll av och kyl under rinnande vatten.

5.Skär räkorna i små bitar. Blanda ner räkor och ruccola i riset. Tillsätt resten av såsen och blanda väl. Smaka av och justera kryddor. Garnera med tomater. Servera omedelbart.

## Räk-, apelsin- och ansjovissallad

*Insalata di Gamberi, Arancia och Acciughe*

**Ger 4 portioner**

En av mina venetianska favoritrestauranger är La Corte Sconta, den "dolda innergården". Trots namnet är det inte så svårt att hitta eftersom det är ett mycket populärt matställe med en meny med enbart skaldjur. Den här salladen, kryddad med dijonsenap, var inspirerad av en sallad jag hade där.

1 liten rödlök, finhackad

2 tsk dijonsenap

1 vitlöksklyfta, lätt krossad

4 teskedar färsk citronsaft

¼ dl extra virgin olivolja

1 tsk mald färsk rosmarin

Salt och nymalen svartpeppar

24 stora räkor, skalade och rensade

4 navelapelsiner, skalade, den vita delen borttagen och skivad

1 (2-ounce) burk ansjovisfiléer, avrunna

1.Lägg löken i en medelstor skål med mycket kallt vatten för att täcka. Låt det vila i 10 minuter. Torka löken och täck den igen med mycket kallt vatten och låt den vila i ytterligare 10 minuter. (Detta kommer att göra löken mindre uttalad.) Torka löken.

två.Blanda senap, vitlök, citronsaft, olja och rosmarin i en stor skål med salt och nymalen svartpeppar efter smak.

3.Koka upp en medelstor kastrull med vatten på medelvärme. Tillsätt räkor och salt efter smak. Koka tills räkorna är rosa och genomstekta, ca 2 minuter beroende på storlek. Häll av och kyl under rinnande vatten.

4.Tillsätt räkorna i skålen med såsen och blanda väl. Ordna vattenkrasse på serveringsfat. Täck med apelsinskivor. Lägg räkorna och såsen ovanpå apelsinerna. Fördela lökringar ovanpå. Servera omedelbart.

## Sardin och ruccolasallad

### Insalata con le Sarde

**Gör 2 portioner**

*Den här salladen är baserad på en jag hade i Rom som serverades på en tjock skiva rostat bröd och serverades som bruschetta. Även om jag gillade kombinationen var den svår att äta. Jag föredrar att servera bröd som tillbehör. Konserverade sardiner packade i olivolja har en utsökt rökig smak som tillför så mycket till denna enkla sallad.*

1 stort knippe ruccola

2 matskedar olivolja

1 matsked färsk citronsaft

Salt och nymalen svartpeppar

½ dl torkade svarta oliver, urkärnade och skurna i 2 eller 3 halvor

1 burk sardiner i olivolja

2 salladslökar, tunt skivade

4 skivor rostat italienskt bröd

1.Skär bort de sega ruccola stjälkarna och släng eventuella gula eller blåmärken blad. Tvätta ruccolan i kallt vatten flera gånger. Torkar mycket bra. Skär ruccola i små bitar.

**två.**I en stor skål, blanda olja, citronsaft, salt och peppar efter smak. Tillsätt ruccola, oliver, sardiner och gräslök och blanda väl. Smaka av och justera kryddor.

3.Servera genast med rostat bröd.

# Grillad pilgrimsmussla sallad

## Insalata di Capesante alla Griglia

**Ger 3 till 4 portioner.**

Stora, fylliga pilgrimsmusslor är ljuvligt grillade och serveras på en bädd av mör grön- och tomatsallad. Kammar kan tillagas på en utegrill, men den här salladen gör jag året runt, så jag lagar kammar oftare på grillen. Den här salladen är inspirerad av en sallad jag ofta njuter av på I Trulli och Enoteca i New York.

Olja

1 pund stora pilgrimsmusslor, tvättade

2 matskedar färsk citronsaft

Salt och nymalen svartpeppar

2 msk hackad färsk basilika

1 matsked mald färsk mynta

2 stora mogna tomater, skurna i små bitar

6 dl mjuka salladsblad, skurna i små bitar

1. Värm pannorna på medelhög värme tills en droppe vatten faller till ytan. Smörj pannan lätt med olja.

två. Torka av pilgrimsmusslorna och lägg dem på grillen. Koka tills pilgrimsmusslorna är lätt bruna, cirka 2 minuter. Vänd på pilgrimsmusslorna och koka tills de är bruna och något genomskinliga i mitten, 1 till 2 minuter till.

3. Blanda citronsaften med 3 matskedar olja i en stor skål. Tillsätt pilgrimsmusslorna och blanda väl. Låt stå i 5 minuter, rör om en eller två gånger.

4. Tillsätt örter och tomater i pilgrimsmusslorna och rör om försiktigt.

5. Lägg upp salladen på serveringsfat. Toppa med pilgrimsmusslan och servera genast.

# Venetiansk krabbasallad

## Insalata di Granseola

**Ger 6 portioner**

*Venedig har många vinbarer, kallade bacari, där människor samlas för att träffa vänner och njuta av ett glas vin och små tallrikar med mat. Denna delikata sallad gjord av stora krabbor som kallas granseole serveras ofta som tillbehör till crostini. På mer formella restauranger serveras den elegant i radicchio-koppar. Det är en bra start på en sommarmåltid.*

2 msk hackad färsk persilja

¼ dl extra virgin olivolja

2 matskedar färsk citronsaft

Salta och nymalen svartpeppar efter smak

1 pund färskt krabbkött, skördat

Radicchio blad

1. I en medelstor skål, kombinera persilja, olja, citronsaft, salt och peppar efter smak. Tillsätt krabbaköttet och blanda väl. Jag gillar kryddor.

**två.**Ordna radicchiobladen på serveringsfat. Lägg salladen på bladen. Servera omedelbart.

# Bläcksfisksallad med ruccola och tomat

## Bläckfisk sallad

**Ger 6 portioner**

*De tvärgående snitten på ytan av bläckfisken gör att bitarna kryper ihop sig hårt under tillagningen. Detta gör inte bara bläckfisken mjukare, utan gör den också väldigt attraktiv.*

*Låt det marinera länge för att få den bästa smaken. Du kan förbereda bläckfisken tre timmar i förväg.*

1 1/2 pund ren bläckfisk (bläckfisk)

2 vitlöksklyftor, hackade

2 msk hackad färsk persilja

5 matskedar olivolja

2 matskedar färsk citronsaft

Salt och nymalen svartpeppar

1 stort knippe ruccola

1 sked balsamvinäger

1 kopp körsbärs- eller druvtomater, halverade

1. Skär bläckfisk på längden och öppna platt. Skruva in höljena med en vass kniv, gör diagonala linjer ca 1/4 tum från varandra. Vrid kniven och gör diagonala linjer i motsatt riktning, vilket skapar ett kors och tvärs mönster. Skär varje bläckfisk i 2-tums rutor. Skär basen av varje tentakelgrupp på mitten. Tvätta och torka bitarna och lägg dem i en skål.

två. Tillsätt vitlök, persilja, 2 msk olivolja, citronsaft, salt och peppar efter smak och blanda väl. Täck över och marinera i upp till 3 timmar före tillagning.

3. Överför bläckfisk och marinad till en stor panna. Koka på medelhög värme, rör ofta, tills bläckfisken är ogenomskinlig, cirka 5 minuter.

4. Skär bort de sega ruccola stjälkarna och släng eventuella gula eller blåmärken blad. Tvätta ruccolan i kallt vatten flera gånger. Torkar mycket bra. Skär ruccola i små bitar. Lägg ruccolan på en tallrik.

5. I en liten skål, vispa ihop de återstående 3 msk olja och vinäger, samt salt och peppar efter smak. Häll över ruccola och blanda väl. Lägg bläckfisken ovanpå ruccolan. Strö över tomaterna och servera genast.

## Hummersallad

### Insalata di Aragosta

**Gör 4 till 6 portioner**

Sardinien är känt för sina skaldjur, särskilt hummer som kallas astice och söta räkor. Min man och jag åt den här fräscha salladen på en liten trattoria vid havet i Alghero, och såg fiskarna laga sina nät för nästa dags arbete. En satt på bryggan med bara fötter. Med fingrarna tog han tag i ena änden av nätet och höll det spänt så att båda händerna var fria att sy.

Denna sallad kan vara en hel måltid eller en förrätt. En flaska kyld sardinsk vernaccia skulle vara det perfekta tillbehöret.

Vissa fiskmarknader lagar hummer åt dig, vilket sparar dig ett steg.

4 hummer (cirka 1 1/4 pund vardera)

1 medelstor rödlök, halverad och tunt skivad

6 basilikablad

4 möra revbenselleri, tunt skivade

Ca 1/2 dl extra virgin olivolja

2 till 3 matskedar färsk citronsaft

Salt och nymalen svartpeppar

Salladsblad

8 tunna skivor knaprig italienskt bröd

1 vitlöksklyfta

3 stora mogna tomater, skurna i klyftor

1.Placera ett galler eller en ångkorg i botten av grytan som är tillräckligt stor för att rymma alla fyra hummer. (En 8- eller 10-liters gryta bör fungera.) Tillsätt vatten precis under gallret. Värm vattnet till kokpunkten. Lägg i hummern och täck pannan. När vattnet kokar igen och ånga kommer från pannan, koka hummerna i 10 minuter eller längre beroende på storlek. Lägg över hummerna på en tallrik och låt svalna.

två.Lägg löken i en liten skål och täck med isvatten. Låt vila i 15 minuter. Byt vatten och låt stå i ytterligare 15 minuter. Häll av och torka.

3.Ta under tiden bort hummerköttet från skalen. Bryt av hummersvansar. Använd en fjäderfäsax och ta bort det tunna skinnet som täcker svansköttet. Slå på naglarna med den trubbiga sidan av kniven för att bryta dem. Öppna naglarna. Ta bort köttet med fingrarna. Skär köttet i tunna skivor och lägg i en stor skål.

4. Vik basilikabladen och skär dem på tvären i tunna strimlor. Tillsätt basilika, selleri och lök i skålen med hummern. Ringla över 1/4 dl olivolja och citronsaft och smaka av med salt och peppar. Skjut bra. Ordna hummerblandningen på fyra salladsfodrade tallrikar.

5. Rosta brödet och gnugga det med en hackad vitlöksklyfta. Pensla rostat bröd med resterande olivolja och strö över salt. Dekorera tallriken med rostat bröd och tomatskivor. Servera omedelbart.

# Toskansk tonfisk- och bönsallad

## Insalata di Tonno alla Toscana

**Ger 6 portioner**

*Toskanska kockar är kända för sin förmåga att laga bönor ordentligt. Mjuka, krämiga och fulla av smak, bönor lyfter en vanlig rätt till något speciellt, som den här klassiska salladen. Om du kan hitta det, köp ventosca di tonno, tonfiskmage, konserverad i god olivolja. Magen anses vara den tunnaste delen av tonfisken. Den är dyrare men full av smak med en köttig konsistens.*

3 matskedar extra virgin olivolja

1 till 2 matskedar färsk citronsaft

Salt och nymalen svartpeppar

3 koppar kokta eller konserverade cannellinibönor, avrunna

2 möra selleri revben, tunt skivade

1 liten rödlök, mycket tunt skivad

2 (7-ounce) burkar italiensk tonfisk, packad i olivolja

2 eller 3 belgiska endiver, putsade och delade till spjut

1. I en medelstor skål, kombinera olja, citronsaft och salt efter smak och en generös malning av peppar.

två. Tillsätt bönor, selleri, lök och tonfisk. Skaka väl.

3. Lägg upp endiverna på en tallrik. Täck med sallad. Servera omedelbart.

# tonfisk couscous sallad

## Insalata di Tonno e Couscusu

**Ger 4 portioner**

Couscous äts i flera regioner i Italien, inklusive delar av Sicilien och Toscana. Varje år är den sicilianska staden San Vito lo Capo värd för en couscousfestival som lockar hundratusentals besökare från hela världen. Traditionellt tillagas couscous med olika skaldjur, kött eller grönsaker och serveras varma. Denna snabba tonfisk- och couscoussallad är en modern och mättande rätt.

1 kopp instant couscous

salt

2 msk hackad färsk basilika

3 matskedar olivolja

2 skedar citronsaft

Nymalen svartpeppar

1 burk italiensk tonfisk packad i olivolja

2 möra revbenselleri, hackade

1 tomat, hackad

1 liten gurka, skalad, kärnad och hackad

1. Koka couscous med salt efter smak enligt anvisningarna på förpackningen.

två.I en liten skål, blanda basilika, olja, citronsaft, salt och peppar efter smak. Tillsätt den varma couscousen. Blanda väl. Smaka av och justera kryddor. Torka tonfisken och lägg den i en skål med selleri, tomat och gurka.

3. Skaka väl. Smaka av och justera kryddor. Servera i rumstemperatur eller kyl en kort stund.

# Tonfisksallad med bönor och ruccola

*Insalata di Tonno, Fagioli och Rucola*

**Gör 2 till 4 portioner**

*Jag tror att jag skulle kunna skriva en hel bok om min favorit tonfisksallad. Jag gör ofta denna till en snabb lunch eller middag.*

1 stort gäng ruccola eller vattenkrasse

2 koppar kokta eller konserverade cannellini eller tranbärsbönor, avrunna

1 burk italiensk tonfisk packad i olivolja

¼ dl hackad rödlök

2 matskedar kapris, tvättad och torkad

1 matsked färsk citronsaft

Salt och nymalen svartpeppar

Citronskivor till dekoration

1. Skär bort de sega stjälkarna av ruccola eller vattenkrasse och släng eventuella gula eller blåmärkena blad. Tvätta ruccolan i

kallt vatten flera gånger. Torkar mycket bra. Gröna skärs i små bitar.

**två.**Blanda bönorna, tonfisken och oljan, rödlöken, kaprisen och citronsaften i en stor salladsskål. Skjut bra.

**3.**Lägg på gröna blad och servera garnerad med citronskivor.

# Fredagskväll tonfisksallad

## Insalata di Venerdi Sera

**Ger 4 portioner**

*Samtidigt var fredagar köttfria dagar i katolska hem. Middagen hemma hos oss bestod oftast av pasta och bönor och denna enkla sallad.*

1 burk italiensk tonfisk packad i olivolja

2 revbensselleri med blad, putsade och skivade

2 medelstora tomater, skurna i små bitar

2 hårdkokta ägg, skalade och delade i fjärdedelar

3 eller 4 skivor rödlök, tunt skivad och i fjärdedelar

En nypa torkad oregano

2 matskedar extra virgin olivolja

½ medelstora huvuden av romansallad, tvättade och torkade

citronskivor

1. Lägg tonfisken med oljan i en stor skål. Bryt tonfisken i bitar med en gaffel.

**två.**Tillsätt selleri, tomater, ägg och lök till tonfisken. Strö över oregano och olivolja och blanda försiktigt.

3. Lägg upp salladsbladen på en tallrik. Toppa med tonfisksallad. Garnera med citronskivor och servera genast.

# MÅTT

## Gorgonzola och hasselnötssås

### Salsa di Gorgonzola och Nocciole

**Gör ca 2/3 koppar**

*Jag hade den här såsen i Piemonte, där den serverades på endivblad, men den fungerar med valfritt antal sega grönsaker som frisée, escarole eller spenat.*

4 matskedar extra virgin olivolja

1 msk rödvinsvinäger

Salt och nymalen svartpeppar

2 matskedar smulad gorgonzola

¼ dl hackade rostade hasselnötter (se Hur man rostar och skalar nötter)

I en liten skål, blanda olja, vinäger, salt och peppar efter smak. Tillsätt gorgonzola och hasselnötter. Servera omedelbart.

# Citrongräddsås

## Salsa di Limone alla Panna

**Gör ca 1/3 kopp**

*Lite grädde tar kanten på citronsåsen. Jag gillar det på möra salladsblad.*

3 matskedar extra virgin olivolja

1 matsked färsk citronsaft

1 sked grädde

Salt och nymalen svartpeppar

Blanda alla ingredienser i en liten skål. Servera omedelbart.

# Apelsin-honungssås

## Citronette al'Arancia

**Gör ca 1/3 kopp**

Sötman i denna sås gör den perfekt för blandade grönsaker som mesclun. Eller prova en kombination av vattenkrasse, rödlök och svarta oliver.

3 matskedar extra virgin olivolja

1 tesked honung

2 matskedar färsk apelsinjuice

Salt och nymalen svartpeppar

Blanda alla ingredienser i en liten skål. Servera omedelbart.

# Buljong

## Brodo di Carnes

**Ger ca 4 liter**

Här är en basfond gjord av olika typer av kött att använda i soppor, risottos och grytor. En bra buljong ska vara full av smak, men inte så aggressiv att den överväldigar matens smak. Nötkött, kalv och fågel kan användas, men undvik fläsk eller lamm. Dess smak är stark och kan övermanna buljongen. Variera köttproportionerna för denna buljong efter eget tycke eller beroende på vilka ingredienser du har till hands.

2 kilo nötköttsben

2 pund benfri skuldra av kalvkött

2 pund kyckling eller kalkondelar

2 morötter, putsade och skurna i 3 eller 4 delar

2 revbensselleri med blad, skurna i 3 eller 4 delar

2 medelstora lökar, skalade men lämnade hela

1 stor tomat eller 1 kopp tärnade konserverade tomater

1 vitlöksklyfta

3 eller 4 kvistar färsk plattbladig persilja med stjälkar

1.Kombinera köttet, benen och kycklingdelarna i en stor gryta. Tillsätt 6 liter kallt vatten och låt koka upp på medelvärme.

**två.**Justera värmen så att vattnet knappt kokar. Skumma bort skummet och fettet som stiger upp till buljongens yta.

3.När skummet slutar stiga, tillsätt resten av ingredienserna. Koka i 3 timmar, justera värmen så att vätskan lätt bubblar.

4.Låt buljongen svalna en kort stund och sila den sedan ner i plastbehållare. Buljongen kan användas omedelbart eller kylas helt, sedan täckt och förvaras i kylen i upp till 3 dagar eller i frysen i upp till 3 månader.

# Kycklingbuljong

## Brodo di Pollo

**Ger ca 4 liter**

En gammal kyckling, känd som en höna, ger fonden en fylligare, rikare smak än en yngre kyckling. Om du inte kan hitta fågeln, försök att lägga till kalkonvingar eller halsar till fonden, men använd inte för mycket kalkon, annars kommer smaken att övermanna kycklingen.

Mycket av smaken kommer att avdunsta från köttet efter tillagning, men sparsamma italienska kockar använder det för att göra sallader eller som fyllning för malet pasta eller grönsaker.

1 fjäderfä eller 4 pund hel kyckling

2 pund kyckling eller kalkondelar

2 revbensselleri med blad, skivade

2 morötter, skurna i bitar

2 medelstora lökar, skalade och lämnade hela

1 stor tomat eller 1 kopp tärnade konserverade tomater

1 vitlöksklyfta

3 eller 4 kvistar färsk persilja

1.Lägg fågeln och kyckling- eller kalkondelarna i en stor gryta. Tillsätt 5 liter kallt vatten och låt koka upp på medelvärme.

**två.**Justera värmen så att vattnet knappt kokar. Skumma bort skummet och fettet som stiger upp till buljongens yta.

3.När skummet slutar stiga, tillsätt resten av ingredienserna. Koka i 2 timmar, justera värmen så att vätskan bubblar försiktigt.

4.Låt buljongen svalna en kort stund och sila den sedan ner i plastbehållare. Buljongen kan användas omedelbart eller kylas helt, sedan täckt och förvaras i kylen i upp till 3 dagar eller i frysen i upp till 3 månader.

# Antoinettes bönsoppa

## Zuppa di Fagioli

**Ger 8 portioner**

När jag besökte familjens vingård Pasetti i Abruzzo gjorde deras kock Antonietta denna bönsoppa till lunch. Den är baserad på en klassiker_Ragout i Abruzzo-stil_, men du kan använda en annan tomatsås med eller utan kött.

En matkvarn används för att platta till spannmålen och ta bort skalen. Du kan också puréa soppan i en matberedare eller mixer. Antonietta serverade soppan med nyriven Parmigiano-Reggiano, även om hon berättade att det är traditionellt i regionen att smaksätta soppan med färska grönpepparkorn. Bredvid den rivna osten gav hon en tallrik chili och en kniv till varje matgäst att hacka och lägga till sin egen.

2 koppar_Ragout i Abruzzo-stil_, eller en annan kött- eller tomatsås

3 koppar vatten

4 koppar avrunna kokta torkade eller konserverade tranbärs- eller cannellinibönor

Salta och nymalen svartpeppar efter smak

4 uns spagetti, skuren eller bruten i 2-tums bitar

Nyriven Parmigiano-Reggiano

1 eller 2 färska gröna paprikor, såsom jalapeno (valfritt)

1. Om det behövs, gör ragù. Kombinera sedan ragu och vatten i en stor kastrull. Passera bönorna i grytan genom en matkvarn. Sjud, rör om då och då, tills soppan är varm. Tillsätt salt och peppar efter smak.

**två.** Tillsätt pastan och blanda väl. Koka under konstant omrörning tills degen är mjuk. Tillsätt lite mer vatten om soppan är för tjock.

3. Servera varm eller varm. Uteslut osten och färsk peppar, om du använder, separat.

## pasta och bönor

### Pasta och Fagioli

**Ger 8 portioner**

Den napolitanska versionen av denna bön- och nudelsoppa (känd under sitt dialektnamn "pasta fazool") serveras vanligtvis mycket tjock, men måste fortfarande ätas med en sked.

¼ kopp olivolja

2 selleristjälkar, hackade (ca 1 kopp)

2 vitlöksklyftor, fint hackade

1 kopp skalade, kärnade och hackade färska tomater eller konserverade tomater

En nypa krossad röd paprika

salt

3 koppar avrunna torkade eller konserverade cannelloni eller kidneybönor

8 ounce ditalini eller delad spagetti

**1.** Häll oljan i en stor kastrull. Tillsätt selleri och vitlök. Koka, rör om ofta, på medelvärme tills grönsakerna är mjuka och bruna, cirka 10 minuter. Tillsätt tomater, krossad röd paprika och salt efter smak. Koka tills det tjocknat något, cirka 10 minuter.

**två.**Tillsätt bönorna i tomatsåsen. Låt blandningen koka upp. Krossa några korn med baksidan av en stor sked.

**3.**Koka upp en stor kastrull med vatten. Tillsätt salt efter smak och sedan pastan. Skaka väl. Koka på hög värme, under ständig omrörning, tills pastan är mjuk men något underkokt. Häll av pastan, spara lite av kokvattnet.

**4.**Rör ner smeten i bönblandningen. Tillsätt eventuellt lite kokvatten, men blandningen ska vara ganska tjock. Stäng av värmen och låt stå i ca 10 minuter innan servering.

## krämig bönsoppa

### Fagioli kräm

**Gör 4 till 6 portioner**

*Jag hittade en version av detta recept i den italienska matlagningstidningen A Tavola ("At the Table"). Den här soppan är krämig och len, ren tröstmat.*

3 koppar avrunna torkade eller konserverade cannelloni eller kidneybönor

Ca 2 koppar hemmagjorda Buljong eller en blandning av hälften köpt nötköttsbuljong och hälften vatten

½ dl mjölk

2 äggulor

½ dl nyriven Parmigiano-Reggiano med mera till servering

Salt och nymalen svartpeppar

**1.** Mosa bönorna i en matberedare, mixer eller matkvarn.

**två.** Koka upp buljongen i en medelstor kastrull på medelvärme. Rör ner bönpurén och låt koka upp igen.

3. Vispa mjölken och äggulorna i en liten skål. Häll ungefär en kopp soppa i en skål och mixa tills den är slät. Häll blandningen i pannan. Koka, rör om, tills den är varm men inte kokar.

4. Rör ner Parmigiano-Reggiano och salta och peppra efter smak. Servera varm, beströdd med ost.

# Friulan korn- och bönsoppa

## Zuppa di Orzo och Fagioli

**Ger 6 portioner**

Även om orzo är mest känd i USA som en liten typ av pasta, är orzo det italienska namnet för korn, en av de första kornen som någonsin odlats. Regionen som nu är Friuli i Italien var en gång en del av Österrike. Närvaron av korn avslöjar de österrikiska rötterna till denna soppa.

Om du använder redan kokta eller konserverade bönor, byt ut 3 koppar eller två 16-ounce burkar avrunna bönor, reducera vattnet till 4 koppar och koka soppan i bara 30 minuter i steg 2. Fortsätt sedan enligt instruktionerna.

2 matskedar olivolja

2 uns hackad pancetta

2 revbenselleri, hackade

2 morötter, hackade

1 medelstor lök, hackad

1 vitlöksklyfta, finhackad

1 kopp (ca 8 uns) torkad cannelloni eller<u>Great Northern Bean</u>

½ koppar korn, tvättat och avrunnet

Salt och nymalen svartpeppar

1. Häll oljan i en stor kastrull. Tillsätt pancetta. Koka, rör om ofta, på medelvärme tills pancettan är lätt brynt, cirka 10 minuter. Tillsätt selleri, morötter, lök och vitlök. Koka, rör ofta, tills grönsakerna är bruna, cirka 10 minuter.

**två.** Tillsätt bönorna och 8 dl vatten. Koka upp. Täck över och låt sjuda i 11/2 till 2 timmar eller tills bönorna är väldigt mjuka.

3. Krossa några korn med baksidan av en stor sked. Tillsätt korn och salt och peppar efter smak. Koka i 30 minuter eller tills kornet är mört. Rör om i soppan ofta för att förhindra att kornet fastnar i botten av grytan. Tillsätt vatten om soppan är för tjock. Servera varm eller varm.

# Bön- och svampsoppa

## Fagioli och Funghi gruvor

**Ger 8 portioner**

*En sval höstdag i Toscana var jag sugen på en god skål med soppa och det ledde till en enkel men minnesvärd måltid. På restaurang Il Prato i Pienza meddelade servitören att köket hade förberett en speciell bönsoppa den dagen. Soppan var utsökt, med en jordig, rökig smak som jag senare upptäckte när jag lade till torkad porcini-svamp. Efter soppan beställde jag den utmärkta pecorinoosten som Pienza är känd för.*

½ uns torkad porcini-svamp

1 kopp varmt vatten

2 medelstora morötter, hackade

1 revbensselleri, hackad

1 medelstor lök, hackad

1 kopp skalade, kärnade och hackade färska tomater eller konserverade tomater

¼ dl hackad färsk persilja

6 hemgjorda muggar Buljong eller Kycklingbuljong eller en blandning av hälften köpt buljong och hälften vatten

3 koppar avrunna torkade eller konserverade cannelloni eller kidneybönor

½ kopp medelkornigt ris, som Arborio

Salta och nymalen svartpeppar efter smak

1. Blötlägg svampen i vatten i 30 minuter. Ta bort svampen och spara vätskan. Skölj svampen under kallt rinnande vatten för att ta bort sanden, var särskilt uppmärksam på stjälkarna där jorden samlas. Hacka svampen grovt. Sila vätskan från svampen genom ett papperskaffefilter i en skål och ställ åt sidan.

två. I en stor gryta, blanda svampen och deras vätska, morötter, selleri, lök, tomater, persilja och buljong. Koka upp. Koka tills grönsakerna är mjuka, ca 20 minuter.

3. Tillsätt bönor och ris samt salt och peppar efter smak. Koka tills riset är mört, 20 minuter, rör om då och då. Servera varm eller varm.

# Milanesisk pasta och bönor

## Pasta och Fagioli alla Milanese

**Ger 8 portioner**

*Den här soppan använder vanligtvis bitar av färsk överbliven pasta som kallas maltagliati ("dåligt skuren"), eller så kan du använda färsk fettuccine skuren i små bitar.*

2 skedar osaltat smör

2 matskedar olivolja

6 färska salviablad

1 msk finhackad färsk rosmarin

4 morötter, hackade

4 revbensselleri, hackade

3 medelkokande potatisar, hackade

2 lökar, hackade

4 tomater, skalade, kärnade och hackade, eller 2 dl hackade konserverade tomater

1 pund (cirka 2 koppar) torkade tranbär eller cannellinibönor (se bönor i lantlig stil) eller 4 16 oz burkar

Ca 8 hemgjorda muggar Buljong eller en blandning av hälften köpt nötkött eller grönsaksbuljong och hälften vatten

Salt och nymalen svartpeppar

8 uns färsk maltagliati eller färsk fettuccine, skuren i 1-tums bitar

Oraffinerad olivolja

1. Smält smöret med oljan på medelvärme i en stor stekpanna. Tillsätt salvia och rosmarin. Tillsätt morötter, selleri, potatis och lök. Koka under konstant omrörning tills de är mjuka, cirka 10 minuter.

två. Tillsätt tomater och bönor. Tillsätt buljong och salt och peppar efter smak. Låt blandningen koka upp. Sjud tills alla ingredienser är väldigt mjuka, ca 1 timme.

3. Ta bort hälften av soppan från grytan och passera den genom en matkvarn eller mixa i en mixer. Häll tillbaka purén i pannan. Blanda väl och tillsätt pastan. Koka upp soppan och stäng sedan av värmen.

**4.** Låt soppan svalna något innan servering. Servera varm med en klick extra jungfruolja och en rejäl malning av peppar.

# Lins- och fänkålssoppa

## Zuppa di Lenticchie och Finocchio

**Ger 8 portioner**

*Linser är en av de äldsta baljväxterna. De kan vara bruna, gröna, röda eller svarta, men de bästa linserna i Italien är de små gröna från Castelluccio i Umbrien. Till skillnad från bönor behöver linser inte blötläggas innan tillagning.*

*Spara de fjäderlika ändarna av fänkålen för garnering av soppan.*

1 pund bruna eller gröna linser, plockade och tvättade

2 medelstora lökar, hackade

2 morötter, hackade

1 medelkokande potatis, skalad och tärnad

1 dl hackad fänkål

1 kopp färska eller konserverade tomater, hackade

¼ kopp olivolja

Salt och nymalen svartpeppar

1 kopp tubetti, ditalini eller små skal

Färska fänkålskvistar, valfritt

Oraffinerad olivolja

1. Blanda linser, lök, morötter, potatis och fänkål i en stor gryta. Tillsätt kallt vatten för att täcka med 1 tum. Koka upp vätskan och låt sjuda i 30 minuter.

två. Tillsätt tomater och olja. Tillsätt salt och peppar efter smak. Koka tills linserna är mjuka, ca 20 minuter till. Tillsätt lite vatten efter behov så att linserna precis täcks med vätska.

3. Rör ner nudlarna och koka tills nudlarna är mjuka, ytterligare 15 minuter. Smaka av och justera kryddor. Garnera med hackade fänkålstoppar, om det finns. Servera varm eller varm med en klick extra virgin olivolja.

## Spenat-, lins- och rissoppa

### Minestra di Lenticchie och spenat

**Ger 8 portioner**

Om du tillsätter mindre vatten och utelämnar riset blir denna soppa ett tillbehör att servera till grillade fiskfiléer eller fläsk. Escarole, grönkål, collard, mangold eller annat bladgrönt kan användas istället för spenat.

1 pund linser, plockade och tvättade

6 koppar vatten

3 stora vitlöksklyftor, hackade

¼ dl extra virgin olivolja

8 uns spenat, härdad och riven i små bitar

Salt och nymalen svartpeppar

1 kopp kokt ris

1. Blanda linser, vatten, vitlök och olja i en stor gryta. Koka upp och låt sjuda i 40 minuter. Tillsätt lite vatten efter behov för att precis täcka linserna.

**två.** Rör ner spenat och salt och peppar efter smak. Koka tills linserna är mjuka, ca 10 minuter längre.

**3.** Tillsätt riset och koka tills det är genomvärmt. Servera varm med en klick extra virgin olivolja.

# Lins- och grönsakssoppa

## Minestra di Lenticchie och Verdura

**Ger 6 portioner**

Inspektera linserna innan du lagar mat för att ta bort eventuella små stenar eller skräp. För en hälsosammare soppa, lägg till en eller två koppar kokt dikalini eller delad spagetti.

¼ kopp olivolja

1 medelstor lök, hackad

1 revbensselleri, hackad

1 medelstor morot, hackad

2 vitlöksklyftor, fint hackade

½ kopp tärnade italienska tomater på burk

8 uns linser (ca 1 kopp), plockade och tvättade

Salt och nymalen svartpeppar

1 pund endive, spenat eller andra bladgrönsaker, putsade och skurna i små bitar

½ dl nyriven Pecorino Romano eller Parmigiano-Reggiano

1. Häll oljan i en stor kastrull. Tillsätt lök, selleri, morot och vitlök och koka på medelvärme i 10 minuter eller tills grönsakerna är mjuka och gyllene. Tillsätt tomaterna och låt sjuda i ytterligare 5 minuter.

två. Tillsätt linser, salt och peppar och 4 dl vatten. Koka upp soppan och koka i 45 minuter eller tills linserna är mjuka.

3. Blanda det gröna. Täck över och koka i 10 minuter eller tills grönsakerna är mjuka. Jag gillar kryddor.

4. Precis innan servering, rör ner osten. Servera varm.

# Linssoppa med rostat bröd

## Puré av Lenticchie

**Gör 6 till 8 portioner**

*Denna umbriska linspuré är toppad med knapriga brödskivor. För extra smak, gnugga en klyfta rå vitlök på rostat bröd medan det fortfarande är varmt.*

1 pund linser, plockade och tvättade

1 revbensselleri, hackad

1 morot, hackad

1 stor lök, hackad

1 stor kokande potatis, hackad

2 matskedar tomatpuré

Salt och nymalen svartpeppar

2 matskedar extra virgin olivolja, plus mer för servering

8 skivor italienskt eller franskt bröd

1. Lägg linser, grönsaker och tomatpuré i en stor gryta. Tillsätt kallt vatten för att täcka med 2 tum. Koka upp. Koka i 20 minuter. Tillsätt salt efter smak och mer vatten om det behövs för att täcka ingredienserna. Koka i ytterligare 20 minuter eller tills linserna är väldigt mjuka.

**två.** Töm pannan, spara vätskan. Lägg linser och grönsaker i en matberedare eller mixer och mixa tills det är slätt, i omgångar om det behövs. Häll tillbaka linserna i pannan. Smaka av med salt och peppar. Värm upp försiktigt, tillsätt lite matlagningsvätska om det behövs.

3. Värm 2 matskedar olivolja i en stor stekpanna på medelvärme. Lägg till brödet i ett enda lager. Koka tills det är rostat och brynt på botten, 3 till 4 minuter. Vänd brödbitarna och stek i ytterligare 3 minuter.

4. Ta bort soppan från värmen. Häll upp i skålar. Lägg en skiva rostat bröd ovanpå varje skål. Servera varm med en klick olivolja.

# Apuliansk kikärtssoppa

Cecil min

**Ger 6 portioner**

I Puglia är denna tjocka soppa gjord av korta remsor av färsk pasta som kallas laggan. Färsk fettuccine skuren i 3-tums remsor kan ersättas, tillsammans med liten torkad pasta eller strimlad spagetti. Denna soppa är smaksatt med ansjovis istället för fond, med vatten som matlagningsvätska. Ansjovisen smälter in i soppan och tillför mycket personlighet utan att vara självklar.

⅓ kopp olivolja

3 vitlöksklyftor, lätt krossade

2 färska 2-tums kvistar rosmarin

4 hackade ansjovisfiléer

3½ koppar kokta kikärter eller 2 16-ounce burkar, avrunna och spara vätska

4 uns färsk fettuccine, skuren i 3-tums längder

Nymalen svartpeppar

1. Häll oljan i en stor kastrull. Tillsätt vitlök och rosmarin och koka på medelvärme, pressa vitlöksklyftorna med baksidan av en stor sked, tills vitlöken är gyllenbrun, cirka 2 minuter. Ta bort och släng vitlök och rosmarin. Tillsätt ansjovisfiléerna och koka under omrörning tills ansjovisen löst sig, cirka 3 minuter.

två.Tillsätt kikärtorna i pannan och blanda väl. Mosa hälften av kikärtorna grovt med baksidan av en sked eller en potatisstöt. Tillsätt tillräckligt med vatten eller kikärtskokvätska för att täcka kikärtorna. Koka upp vätskan.

3. Blanda nudlarna. Smaka av med rikligt med mald svartpeppar. Koka tills degen är mjuk men fast vid bettet. Ta av från värmen och låt stå i 5 minuter. Servera varm med en klick extra virgin olivolja.

# Kikärts- och pastasoppa

Cecil min

**Gör 6 till 8 portioner**

*I regionen Marche i centrala Italien görs denna soppa ibland med quadrucci, små rutor av färsk äggpasta. För att göra quadruccini skär du den färska fettuccinen i korta bitar och bildar små rutor. Låt alla ringla över sin soppa med lite extra jungfruolja.*

*Av alla baljväxter tycker jag att kikärter är svårast att tillaga. Ibland tar de mycket längre tid att mjukna än jag förväntat mig. Det är en bra idé att göra den här soppan i förväg till steg 2, sedan värma upp och avsluta den när den är klar att serveras för att säkerställa att kikärtorna har tillräckligt med tid att mjukna.*

1 pund torkade kikärter, blötlagda över natten (se bönor i lantlig stil)

¼ kopp olivolja

1 medelstor lök, hackad

2 revbenselleri, hackade

2 dl konserverade tomater, hackade

salt

8 oz ditalini eller små armbågar eller skal

Nymalen svartpeppar

Oraffinerad olivolja

1.Häll oljan i en stor kastrull. Tillsätt lök och selleri och koka, rör ofta, på medelvärme i 10 minuter eller tills grönsakerna är mjuka och gyllene. Tillsätt tomaterna och låt koka upp. Koka i ytterligare 10 minuter.

**två.**Låt kikärtorna rinna av och lägg dem i pannan. Tillsätt 1 tesked salt och kallt vatten för att täcka med 1 tum. Koka upp. Koka i 11/2 till 2 timmar eller tills kikärtorna är väldigt möra. Tillsätt eventuellt vatten för att täcka kikärtorna.

3.Ca 20 minuter innan kikärtorna är klara, koka upp en stor kastrull med vatten. Tillsätt saltet och sedan pastan. Koka tills degen är mjuk. Häll av och lägg i soppan. Smaka av med salt och peppar. Servera varm med en klick extra virgin olivolja.

# Kikärtssoppa och ligurisk porcini

## Pasta och Ceci med Porcini

**Ger 4 portioner**

Det här är min version av en soppa gjord i Ligurien. Vissa kockar klarar sig utan mangold, medan andra inkluderar tistel i ingredienserna.

½ uns torkad porcini-svamp

1 kopp varmt vatten

¼ kopp olivolja

2 uns pancetta, hackad

1 medelstor lök, finhackad

1 medelstor morot, finhackad

1 medelstor selleristjälk, finhackad

1 vitlöksklyfta, finhackad

3 koppar torkade eller avrunna konserverade kikärter

8 uns mangold, skär korsvis i smala remsor

1 medelkokande potatis, skalad och tärnad

1 kopp skalade, kärnade och tärnade färska eller konserverade tomater

Salt och nymalen svartpeppar

1 dl dicalini, tubetti eller annan liten pasta

1. Blötlägg svampen i vatten i 30 minuter. Ta bort dem och spara vätskan. Skölj svampen under kallt rinnande vatten för att ta bort eventuell sand. Hacka dem grovt. Sila vätskan genom ett papperskaffefilter i en skål.

**två.** Häll oljan i en stor kastrull. Tillsätt pancetta, lök, morot, selleri och vitlök. Koka, rör ofta, på medelvärme tills löken och andra aromater är gyllenbruna, cirka 10 minuter.

3. Tillsätt kikärtorna, mangold, potatis, tomater och svamp med vätskan. Tillsätt vatten för att täcka ingredienserna och salta och peppra efter smak. Koka upp och låt sjuda tills grönsakerna är mjuka och soppan tjocknat, ca 1 timme. Tillsätt vatten om soppan är för tjock.

4. Tillsätt pastan och ytterligare 2 dl vatten. Koka under konstant omrörning i cirka 15 minuter eller tills pastan är mjuk. Låt svalna något innan servering.

# **Grönsakssoppor**

## Toskanskt bröd och grönsakssoppa

### ribollite

**Ger 8 portioner**

En sommar i Toscana serverades jag den här soppan överallt där jag gick, ibland två gånger om dagen. Jag tröttnade aldrig på det eftersom varje kock använde sin egen kombination av ingredienser och det var alltid gott. Det här är verkligen två recept i ett. Den första är en blandad grönsakssoppa. Dagen efter värms resterna upp och blandas med gammalt bröd. Återuppvärmning ger soppan dess italienska namn, vilket betyder kokt. Detta görs vanligtvis på morgonen, och soppan kan vila till kl. Ribollita serveras vanligtvis varm eller i rumstemperatur, aldrig varm.

Var noga med att använda ett bröd av god kvalitet i italiensk eller lantlig stil för att få rätt konsistens.

4 hemgjorda muggar Kycklingbuljong eller Buljong eller en blandning av hälften köpt buljong och hälften vatten

¼ kopp olivolja

2 möra revbenselleri, hackade

2 medelstora morötter, hackade

2 vitlöksklyftor, fint hackade

1 liten rödlök, hackad

¼ dl hackad färsk persilja

1 msk hackad färsk salvia

1 msk finhackad färsk rosmarin

1½ pund skalade, kärnade och hackade färska tomater eller 1½ koppar konserverade italienska skalade tomater med juice, hackad

3 koppar kokta eller konserverade torra cannellonibönor, avrunna

2 medelstora potatisar, skalade och tärnade

2 medelstora zucchini, hackade

1 pund kål eller grönkål, tunt skivad (cirka 4 koppar)

8 uns gröna bönor, putsade och skurna i små bitar

Salta och mald svartpeppar efter smak

Cirka 8 uns daggammalt italienskt bröd, tunt skivat

Oraffinerad olivolja

Finhackad rödlök (valfritt)

1. Om det behövs, gör buljong. Häll sedan olivolja i en stor kastrull. Tillsätt selleri, morötter, vitlök, lök och grönt. Koka, rör ofta, på medelvärme tills sellerin och andra aromater är mjuka och bruna, cirka 20 minuter. Tillsätt tomaterna och koka i 10 minuter.

**två.** Rör i bönor, resterande grönsaker och salt och peppar efter smak. Tillsätt fond och vatten tills det täcks. Koka upp. Koka försiktigt på mycket låg värme tills grönsakerna är mjuka, ca 2 timmar. Låt svalna något och, om den inte används omedelbart, kyl över natten eller upp till 2 dagar.

3. När du är redo att servera, häll cirka 4 koppar soppa i en mixer eller matberedare. Purea soppan och överför den sedan till grytan med resten av soppan. Värm upp försiktigt.

4. Välj en gryta eller gryta som är tillräckligt stor för att rymma brödet och soppan. Lägg ett lager brödskivor i botten. Sked tillräckligt med soppa för att täcka brödet helt. Upprepa varven tills all soppa är slut och brödet är blött. Låt den vila i minst 20 minuter. Den ska vara väldigt tjock.

**5.** Rör om soppan för att bryta upp brödet. Ringla över extra virgin olivolja och strö över rödlök. Servera varm eller i rumstemperatur.

## vinter squash soppa

### Zuppa di Zucca

**Ger 4 portioner**

*På frukt- och grönsaksmarknaden kan fruttivendolo italienska kockar köpa bitar av squash och annan vintersquash för att göra denna läckra soppa. Jag brukar använda butternut squash eller butternut squash. Den krossade röda paprikan, kallad peperoncino, ger en oväntad kryddighet.*

4 hemgjorda muggar Kycklingbuljong eller en blandning av hälften köpt buljong och hälften vatten

2 pund vintersquash, såsom butternut squash eller ekollon squash

½ dl olivolja

2 vitlöksklyftor, fint hackade

En nypa krossad röd paprika

salt

¼ dl hackad färsk persilja

1. Om det behövs, gör buljong. Skala sedan pumpan och ta bort kärnorna. Skär i 1 tums bitar.

**två.**Häll oljan i en stor kastrull. Tillsätt vitlök och krossad röd paprika. Koka, rör ofta, på medelvärme tills vitlöken är lätt brynt, cirka 2 minuter. Tillsätt zucchini och salt efter smak.

3. Tillsätt fond och låt koka upp. Täck över och koka i 35 minuter eller tills squashen är väldigt mjuk.

4. Överför squashen till en matberedare eller mixer med en hålslev och puré tills den är slät. Häll tillbaka purén i pannan med fonden. Sätt tillbaka soppan på värmen och koka i 5 minuter. Tillsätt lite vatten om soppan är för tjock.

5. Tillsätt salt efter smak. Rör ner persiljan. Servera varm.

# Soppa "Kokt vatten"

## Aquacotta

**Ger 6 portioner**

*Denna läckra toskanska soppa kräver bara några få grönsaker, ägg och brödrester, varför italienarna skämtsamt kallar den för "kokt vatten". Använd tillgängliga svampar.*

¼ kopp olivolja

2 revbensselleri, tunt skivade

2 vitlöksklyftor, hackade

1 pund blandade svampar, såsom knapp, shiitake och cremini, putsade och skivade

1 pund färska plommontomater, skalade, kärnade och hackade, eller 2 koppar konserverade tomater

En nypa krossad röd paprika

6 ägg

6 skivor italienskt eller franskt bröd, rostat

4 till 6 matskedar nyriven pecorinoost

1. Häll oljan i en medelstor kastrull. Tillsätt selleri och vitlök. Koka under konstant omrörning på medelvärme tills de är mjuka, cirka 5 minuter.

**två.** Tillsätt svampen och koka, rör om då och då, tills svampsaften avdunstar. Tillsätt tomater och krossad röd paprika och koka i 20 minuter.

3. Tillsätt 4 dl vatten och salt efter smak. Koka upp. Koka i ytterligare 20 minuter.

4. Strax före servering knäcker du ett av äggen i glaset. Lägg försiktigt ner ägget i den varma soppan. Upprepa med resterande ägg. Täck över och koka på mycket låg värme i 3 minuter eller tills äggen har fått smak.

5. Lägg en skiva rostat bröd i varje serveringsfat. Knäck försiktigt ägget ovanpå och häll upp den varma soppan. Strö över ost och servera genast.

# Zucchini Pesto Soppa

## Zuppa di Zucchini med Pesto

**Gör 4 till 6 portioner**

*Doften av pesto när den blandas med varm soppa är oemotståndlig.*

2 glas hemgjorda Kycklingbuljong eller en blandning av hälften köpt buljong och hälften vatten

3 matskedar olivolja

2 medelstora lökar, hackade

4 små zucchini (ca 11/4 pund), rensade och hackade

3 medelkokande potatisar, skalade och tärnade

Salta och nymalen svartpeppar efter smak

1 kopp trasig spagetti

**pesto**

2 till 3 stora vitlöksklyftor

½ dl färsk basilika

¼ dl färsk platt italiensk persilja

½ kopp riven Parmigiano-Reggiano, plus mer för att strö över

2 till 3 matskedar extra virgin olivolja

Salt och nymalen svartpeppar

1. Om det behövs, gör buljong. Häll sedan oljan i en medelstor kastrull. Tillsätt lök. Koka, rör ofta, på medelvärme tills löken är mjuk och gyllene, cirka 10 minuter. Tillsätt zucchinin och potatisen och koka, rör om då och då, i 10 minuter. Tillsätt kycklingfonden och 4 dl vatten. Koka upp vätskan och koka i 30 minuter. Tillsätt salt och peppar efter smak.

två. Blanda nudlarna. Koka i ytterligare 15 minuter.

3. Gör peston: finfördel vitlök, basilika och persilja i en matberedare. Tillsätt osten och häll gradvis i oljan till en tjock pasta. Smaka av med salt och peppar.

4. Häll pesto i medelstor skål; med en visp, vispa i ca 1 kopp av den varma soppan. Rör ner blandningen i grytan med den återstående soppan. Låt vila i 5 minuter. Smaka av och justera kryddor. Servera med extra ost.

# Purjolök, tomat och brödsoppa

*pappa al pomodoro*

**Ger 4 portioner**

Toscaner äter mycket soppa och gör mycket bröd istället för pasta eller ris. Det är en favorit i början av hösten när det finns mogna tomater och färsk purjolök. Den är också god på vintern, gjord på konserverade tomater.

6 hemgjorda muggar<u>Kycklingbuljong</u> eller en blandning av hälften köpt buljong och hälften vatten

3 matskedar olivolja, plus mer för duggregn

2 medelstora purjolökar

3 stora vitlöksklyftor

En nypa krossad röd paprika

2 dl skalade, kärnade och hackade färska tomater eller konserverade tomater

salt

½ dag gammalt italienskt bröd av fullkornsvete, skuret i 1-tums kuber (cirka 4 koppar)

½ dl hackad färsk basilika

Oraffinerad olivolja

1. Om det behövs, gör buljong. Skär sedan bort rötterna och den mörkgröna delen av purjolöken. Skär purjolöken på mitten på längden och skölj väl under kallt rinnande vatten. Finhacka.

**två.**Häll oljan i en stor kastrull. Tillsätt purjolöken och koka på medelhög värme under konstant omrörning tills den är mjuk, cirka 5 minuter. Tillsätt vitlök och krossad röd paprika.

3. Tillsätt tomaterna och fonden och låt koka upp. Koka i 15 minuter, rör om då och då. Tillsätt salt efter smak.

4. Rör ner brödet i soppan och koka i 20 minuter, rör om då och då. Soppan ska vara tjock. Tillsätt mer bröd om det behövs.

5. Avlägsna från värme. Tillsätt basilikan och låt stå i 10 minuter. Servera varm med en klick extra virgin olivolja.

# Zucchini och tomatsoppa

## Zuppa di Zucchine och Pomodori

**Ger 6 portioner**

*Även om små zucchinis smakar bättre är även större grönsaker bra i denna soppa eftersom deras vattniga och bristande smak inte märks med andra smakrika ingredienser.*

5 hemgjorda muggar Kycklingbuljong eller en blandning av hälften köpt buljong och hälften vatten

3 matskedar olivolja

1 medelstor lök, finhackad

1 vitlöksklyfta, hackad

1 tsk mald färsk rosmarin

1 tsk hackad färsk salvia

1 1/2 dl skalade, kärnade och tärnade tomater

1 1/2 pund zucchini, hackad

Salt och nymalen svartpeppar

3 koppar dagsgamla italienska eller franska brödtärningar

Nyriven Parmigiano-Reggiano

1. Om det behövs, gör buljong. Häll sedan oljan i en stor kastrull. Tillsätt lök, vitlök, rosmarin och salvia. Koka på medelvärme, rör ofta, tills löken är gyllenbrun, cirka 10 minuter.

**två.**Tillsätt tomaterna och blanda väl. Tillsätt fond och låt koka upp. Tillsätt zucchinin och koka i 30 minuter eller tills de är mjuka. Smaka av med salt och peppar.

3. Lägg i brödtärningarna. Koka tills brödet är mjukt, ca 10 minuter. Låt den vila ytterligare 10 minuter innan servering. Servera med riven Parmigiano-Reggiano.

# Zucchini och potatissoppa

## Minestra di Zucchine e Patate

**Ger 4 portioner**

*Denna soppa är typisk för vad du kan servera i hem i hela södra Italien på sommaren. Du kan ändra det som en italiensk kock, byta ut zucchinin mot andra grönsaker som haricots verts, tomater eller spenat, och ersätta persiljan med basilika eller mynta.*

6 hemgjorda muggar Kycklingbuljong eller en blandning av hälften köpt buljong och hälften vatten

2 matskedar olivolja

1 medelstor lök, finhackad

1 pund kokande potatis (ca 3 medium), skalad och tärnad

1 pund zucchini (ca 4 små), skalade och hackade

Salt och nymalen svartpeppar

2 matskedar hackad persilja

Nyriven Parmigiano-Reggiano eller Pecorino Romano

1.Om det behövs, gör buljong. Häll sedan oljan i en medelstor kastrull. Tillsätt löken och koka, rör ofta, på medelvärme tills den är mjuk och gyllene, cirka 10 minuter.

**två.**Tillsätt potatis och zucchini. Tillsätt buljong och salt och peppar efter smak. Koka upp och koka tills grönsakerna är mjuka, ca 30 minuter.

3.Tillsätt salt och peppar efter smak. Rör ner persiljan. Servera med riven ost.

# Krämig fänkålssoppa

## Zuppa di Finocchio

**Ger 6 portioner**

*Potatis och fänkål har en samhörighet med varandra. Servera denna soppa garnerad med hackade fänkålsblad och en klick extra virgin olivolja.*

6 hemgjorda muggar Kycklingbuljong eller en blandning av hälften köpt buljong och hälften vatten

2 stora purjolökar, putsade

3 medelstora fänkålslökar (cirka 21/2 pund)

2 skedar osaltat smör

1 sked olivolja

5 kokta potatisar, skalade och skurna

Salt och nymalen svartpeppar

Oraffinerad olivolja

**1.** Om det behövs, gör buljong. Skär sedan purjolöken på mitten på längden och tvätta väl för att få bort eventuella spår av sand mellan lagren. Grovhacka.

**två.** Putsa fänkålsstjälkarna även med löken, lämna några av de fjädergröna bladen till garnering. Putsa botten och eventuella bruna fläckar. Skär löken i tunna skivor.

**3.** Smält smöret med oljan på medelvärme i en stor stekpanna. Tillsätt purjolöken och koka tills den är mjuk, cirka 10 minuter. Tillsätt fänkål, potatis, fond samt salt och peppar efter smak. Koka upp och koka tills grönsakerna är väldigt mjuka, ca 1 timme.

**4.** Överför grönsakerna till en matberedare eller mixer med en hålslev. Bearbeta eller blanda tills den är slät.

**5.** Lägg tillbaka grönsakerna i pannan och värm upp försiktigt. Häll soppan i skålar, strö över reserverade fänkålstoppar och ringla över olivolja. Servera varm.

# Svamp- och potatissoppa

## Funghi och Patate gruvor

**Ger 6 portioner**

*Här är en annan soppa från Friuli-Venezia Giulia, en region känd för sina utmärkta svampar. Färska porcini-svampar skulle användas där, men eftersom de är svåra att få tag på, bytte jag vilda och odlade svampar. Både potatis och korn tillsätts som förtjockningsmedel.*

8 hemgjorda muggar Buljong eller en blandning av hälften köpt buljong och hälften vatten

2 matskedar olivolja

2 uns tärnad pancetta, finhackad

1 medelstor lök, finhackad

2 revbensselleri, finhackad

1 pund blandade svampar, såsom vit, cremini och portabello

4 msk hackad färsk persilja

2 vitlöksklyftor, fint hackade

3 medelkokande potatisar, skalade och tärnade

Salt och nymalen svartpeppar

½ dl pärlkorn

1. Om det behövs, gör buljong. Häll oljan i en stor kastrull. Tillsätt pancetta. Koka, rör om ofta, på medelvärme tills de fått färg, cirka 10 minuter. Tillsätt löken och sellerin och koka, rör om då och då, tills den mjuknat, cirka 5 minuter.

**två.** Tillsätt svamp, 2 msk persilja och vitlök. Koka under konstant omrörning tills svampsaften avdunstar, cirka 10 minuter.

3. Tillsätt potatis, salt och peppar. Tillsätt fond och låt koka upp. Tillsätt kornet och låt puttra utan lock i 1 timme eller tills kornet är mört och soppan har tjocknat.

4. Strö över resten av persiljan och servera varm.

# grädde av blomkålssoppa

## Vellutata di Cavolfiore

Ger 6 portioner

*En elegant soppa att servera i början av en speciell middag. Om du har lite olja eller tryffelpasta, försök att lägga till den i soppan precis innan servering, utan osten.*

1 medelstor blomkål, putsad och skuren i 1-tums buketter

salt

3 matskedar osaltat smör

¼ kopp universalmjöl

Ca 2 koppar mjölk

Nyriven muskotnöt

½ koppar gräddfil

¼ dl nyriven Parmigiano-Reggiano

1. Koka upp en stor kastrull med vatten. Tillsätt blomkål och salt efter smak. Koka tills blomkålen är väldigt mör, ca 10 minuter. Torka väl.

**två.** Smält smöret på medelvärme i en medelstor kastrull. Tillsätt mjölet och blanda väl i 2 minuter. Rör långsamt ner 2 dl mjölk och salt efter smak. Koka upp och låt koka i 1 minut, under konstant omrörning, tills den tjocknat och slät. Avlägsna från värme. Tillsätt muskotnöt och gräddfil.

3. Lägg blomkålen i en matberedare eller mixer. Mosa purén, tillsätt eventuellt lite sås för att göra purén slät. Överför purén till pannan med den återstående såsen. Skaka väl. Värm försiktigt igen, tillsätt mer mjölk om det behövs för att göra en tjock soppa.

4. Avlägsna från värme. Smaka av och justera kryddor. Tillsätt ost och servera.

# Siciliansk tomatkornsoppa

## Minestra d'Orzo alla Siciliana

**Gör 4 till 6 portioner**

*Istället för att riva ost serverar sicilianerna ofta soppa med ost skuren i små bitar. Det smälter aldrig riktigt i soppan och du kan smaka på lite av osten i varje tugga.*

8 hemgjorda muggar Kycklingbuljong eller Buljong eller en blandning av hälften köpt buljong och hälften vatten

8 uns pärlkorn, skördat och tvättat

2 medelstora tomater, skalade, urkärnade och hackade, eller 1 kopp hackade konserverade tomater

1 revbensselleri, finhackad

1 medelstor lök, finhackad

Salt och nymalen svartpeppar

1 kopp tärnad Pecorino Romano

**1.** Om det behövs, gör buljong. Blanda buljong, korn och grönsaker i en stor gryta och låt koka upp. Koka tills kornet är mört, ca 1 timme. Tillsätt vatten om soppan är för tjock.

**två.** Krydda med salt och peppar efter smak. Lägg soppan i skålar, fördela ost ovanpå.

# Röd paprika soppa

## Zuppa di Peperoni Rossi

**Ger 6 portioner**

*Den livliga röd-orange färgen på denna soppa är en attraktiv och passande nick till den uppfriskande läckra smaken. Den är inspirerad av en soppa jag åt på Il Cibreo, en populär restaurang i Florens. Jag gillar att servera den med varm focaccia.*

6 hemgjorda muggar Kycklingbuljong eller en blandning av hälften köpt buljong och hälften vatten

2 matskedar olivolja

1 medelstor lök, hackad

1 revbensselleri, hackad

1 morot, hackad

5 stora röda paprikor, kärnade och hackade

5 medelkokande potatisar, skalade och tärnade

2 skalade och hackade tomater

Salt och nymalen svartpeppar

1 glas mjölk

Nyriven Parmigiano-Reggiano

**1.**Om det behövs, gör buljong. Häll sedan oljan i en stor kastrull. Tillsätt lök, selleri och morot. Koka, rör om ofta, på medelvärme tills grönsakerna är mjuka och bruna, cirka 10 minuter.

**två.**Tillsätt paprika, potatis och tomater och blanda väl. Tillsätt fond och låt koka upp. Sänk värmen och låt sjuda i 30 minuter eller tills grönsakerna är väldigt mjuka.

**3.**Överför grönsakerna till en matberedare eller mixer med en hålslev. Puré tills den är slät.

**4.**Häll grönsakspurén i pannan. Värm soppan försiktigt och rör ner mjölken. Låt inte soppan koka. Tillsätt salt och peppar efter smak. Servera varm, beströdd med ost.

## Fontina, bröd och kålsoppa

### Zuppa alla Valpelline

**Ger 6 portioner**

Ett av mina finaste minnen från Valle d'Aosta är den aromatiska fontinaosten och regionens läckra fullkornsbröd. Osten är gjord av komjölk och lagrad i bergsgrottor. Leta efter en ost med en naturlig svål och en siluett av ett berg stämplat på toppen för att se till att du får en riktig fontina. Använd gott, segt bröd till denna matiga soppa. Crinkly Savoy-kål har en mildare smak än plattbladssorten.

8 hemgjorda muggar Buljong eller en blandning av hälften köpt nötköttsbuljong och hälften vatten

2 skedar osaltat smör

1 liten vitkål, skuren i tunna strimlor

salt

¼ teskedar nymalen muskotnöt

¼ tsk mald kanel

Nymalen svartpeppar

12 oz Fontina Valle d'Aosta

12 rostade skivor råg, pumpernickel eller fullkornsbröd utan kärnor

1. Om det behövs, gör buljong. Smält sedan smöret i en stor panna. Tillsätt kål och salt efter smak. Täck över och låt sjuda i 30 minuter, rör om då och då, tills kålen är mjuk.

**två.**Värm ugnen till 350 ° F. Placera buljong, muskotnöt, kanel, salt och peppar i en stor gryta och koka upp på medelvärme.

3. Placera 4 skivor bröd i botten av en 3-liters ugnsfast holländsk ugn eller en djup, kraftig gryta eller långpanna. Lägg hälften av kålen och en tredjedel av osten ovanpå. Upprepa med ytterligare ett lager bröd, kål och ost. Täck med resten av brödet. Häll försiktigt varm buljong. Riv den reserverade osten i bitar och fördela över soppan.

4. Grädda grytan tills den är gyllenbrun och bubblar, ca 45 minuter. Låt vila i 5 minuter innan servering.

# krämig svampsoppa

## Zuppa di funghi

**Ger 8 portioner**

*Thanksgiving är inte en högtid i Italien, men jag serverar ofta denna krämiga norditalienska svampsoppa som en del av min semestermeny.*

8 hemgjorda muggar Buljong eller en blandning av hälften köpt nötköttsbuljong och hälften vatten

1 uns torkad porcini-svamp

2 koppar varmt vatten

2 skedar osaltat smör

1 medelstor lök, finhackad

1 vitlöksklyfta, finhackad

1 pund vita svampar, tunt skivade

½ koppar torrt vitt vin

1 sked tomatpuré

½ koppar gräddfil

Hackad färsk persilja till garnering

Salt och nymalen svartpeppar

1. Om det behövs, gör buljong. Lägg sedan grissvamparna i vatten och blötlägg i 30 minuter. Ta bort svampen från skålen och spara vätskan. Skölj svampen under kallt rinnande vatten för att ta bort sand, var särskilt uppmärksam på ändarna på stjälkarna där jorden samlas. Hacka svampen grovt. Sila vätskan från svampen genom ett papperskaffefilter i en skål.

**två.** Smält smöret i en stor stekpanna på medelvärme. Tillsätt lök och vitlök och fräs i 5 minuter. Tillsätt all svamp och koka, rör om då och då, tills svampen är lätt brynt, cirka 10 minuter. Tillsätt salt och peppar efter smak.

3. Tillsätt vin och låt koka upp. Rör ner buljong, svampvätska och tomatpuré. Sänk värmen och låt sjuda i 30 minuter.

4. Blanda grädden. Strö över persilja och servera genast.

# Grönsakssoppa med pesto

## minestrone med pesto

**Gör 6 till 8 portioner**

*I Ligurien serveras minestroneskålar med en klick doftande pestosås. Det är inte nödvändigt, men det förhöjer verkligen soppans smak.*

¼ kopp olivolja

1 medelstor lök, hackad

2 morötter, hackade

2 revbenselleri, hackade

4 mogna tomater, skalade, kärnade och hackade

1 pund hackad mangold eller spenat

3 medelkokande potatisar, skalade och tärnade

3 små zucchini, hackade

8 uns gröna bönor, skurna i 1/2-tums bitar

8 uns skalade färska cannelloni- eller borlottibönor eller 2 koppar avrunna kokta eller konserverade torkade bönor

Salt och nymalen svartpeppar

1 receptpesto

4 uns liten pasta, såsom tubetti eller armbågar

1.Häll oljan i en stor kastrull. Tillsätt lök, morötter och selleri. Koka, rör om ofta, på medelvärme tills grönsakerna är mjuka och bruna, cirka 10 minuter.

två.Tillsätt tomater, mangold, potatis, zucchini och bönorna. Tillsätt tillräckligt med vatten för att precis täcka grönsakerna. Tillsätt salt och peppar efter smak. Sjud, rör om då och då, tills soppan tjocknar och grönsakerna är mjuka, cirka 1 timme. Tillsätt lite vatten om den blir för tjock.

3.Förbered under tiden peston, om så önskas. När soppan tjocknar, tillsätt nudlarna. Koka, rör om, tills degen är mjuk, cirka 10 minuter. Låt det svalna lite. Servera varm, skicka en skål med pesto för att servera vid bordet, eller häll soppan i skålar och lägg lite pesto i mitten av varje.

# Påfågeläggsoppa

## Zuppa alla Pavese

Ger 4 portioner

*Ägg kokta i buljong är en snabb och god måltid. Soppan är klar att servera när vitan är fast och äggulorna fortfarande är rinnande.*

2 liter hemlagad<u>Buljong</u>eller en blandning av hälften köpt buljong och hälften vatten

4 skivor lantbröd, lätt rostade

4 stora ägg, i rumstemperatur

4 till 6 matskedar nyriven Parmigiano-Reggiano

Salt och nymalen svartpeppar

1. Om det behövs, gör buljong. Om den inte är nyberedd, låt buljongen koka upp. Smaka av med salt och peppar.

**två.**Gör 4 skålar värmd soppa. Lägg en skiva rostat bröd i varje skål och knäck sedan ett ägg på varje skiva rostat bröd.

3. Häll den varma buljongen över äggen så att de täcks av några centimeter. Strö över ost. Låt vila tills äggvitan är kokt efter smak. Servera varm.

www.ingramcontent.com/pod-product-compliance
Lightning Source LLC
Chambersburg PA
CBHW071434080526
44587CB00014B/1842